Poésies

de

M.ᵐᵉ DESBORDES-VALMORE.

Troisième Édition.

Chasselat del.   Le Berceau d'Hélène. *P. 189.*   *Hургоis sc.*

à Paris,

FRANÇOIS LOUIS,

Libraire, Rue Hautefeuille, N.º 10.

1820.

ÉLÉGIES.

ÉLÉGIES.

~~~~~~

L'ARBRISSEAU.

A MONSIEUR ALIBERT,

DOCTEUR-MÉDECIN.

La tristesse est rêveuse... et je rêve souvent !
La nature m'y porte, on la trompe avec peine :
   Je rêve au bruit de l'eau qui se promène,
Au murmure du saule agité par le vent.
J'écoute !... un souvenir répond à ma tristesse !
Un autre souvenir s'éveille dans mon cœur :
Chaque objet me pénètre, et répand sa couleur
      Sur le sentiment qui m'oppresse.
      Ainsi le nuage s'enfuit,
      Pressé par un autre nuage :
      Ainsi le flot fuit le rivage,
      Cédant au flot qui le poursuit.

   J'ai vu languir, au fond de la vallée,
   Un jeune arbuste oublié du bonheur ;
   L'Aurore se levait sans éclairer sa fleur ;

Et pour lui la nature était sombre et voilée ;
Ses printemps ignorés s'écoulaient dans la nuit ;
 L'Amour jamais d'une fraîche guirlande
 A ses rameaux n'avait laissé l'offrande :
  Il fait froid aux lieux qu'Amour fuit !
L'ombre humide éteignait sa force languissante ;
Son front pour s'élever faisait un vain effort ;
Un éternel hiver, une eau triste et dormante
Jusque dans sa racine allait porter la mort.
 « Hélas ! faut-il mourir sans connaître la vie !
(Disait le jeune arbuste en courbant ses rameaux)
« Je n'atteindrai jamais de ces arbres si beaux
  « La couronne verte et fleurie !
« Ils dominent au loin sur les champs d'alentour ;
« On dit que le soleil dore leur beau feuillage ;
 « Et moi, sous leur impénétrable ombrage
  « Je devine à peine le jour !
« Vallée où je me meurs, votre triste influence
« A préparé ma chute auprès de ma naissance !
 « Bientôt, hélas ! je ne dois plus gémir !
 « Déjà ma feuille a cessé de frémir !...
 « Je meurs ! je meurs ! » Ce douloureux murmure
Toucha le Dieu protecteur du vallon.
C'était le temps où le noir Aquilon
Laisse, en fuyant, respirer la nature.
 « Non ! dit le Dieu : qu'un souffle de chaleur

« Pénètre au sein de ta tige glacée !

« Ta vie heureuse est enfin commencée ;

« Relève-toi , j'ai ranimé ta fleur.

« Je te consacre aux nymphes des bocages ;

« A mes lauriers tes rameaux vont s'unir ;

« Et j'irai quelque jour sous leurs jeunes ombrages

    « Chercher un souvenir. »

L'arbrisseau , faible encor, tressaillit d'espérance.

Dans le pressentiment il goûta l'existence :

Comme l'aveugle-né, saisi d'un doux transport ,

Voit fuir sa longue nuit , image de la mort,

Quand une main divine entr'ouvre sa paupière,

Et conduit à son âme un rayon de lumière :

L'air qu'il respire alors est un bienfait nouveau ;

    Il est plus pur ! Il vient d'un ciel si beau !

    Humbles fleurs, modeste verdure,

Du Dieu qui vous fit naître entourez les autels.

De l'arbuste offrez-lui la première parure :

Les plus simples parfums plaisent aux Immortels.

LE RETOUR AUX CHAMPS.

Que ce lieu me semble attristé !
Tout a changé dans la nature :
Le printemps n'a plus de verdure,
Le bocage est désenchanté !
Autrefois l'onde fugitive
Arrosait, en courant, les cailloux et les fleurs.
Je ne vois qu'un roseau languissant sur la rive ;
Et mes yeux se couvrent de pleurs !
Hélas ! on a changé ta course,
Ruisseau ! de l'inconstance on te fait une loi ;
Et je n'espère plus retrouver à ta source
Les sermens emportés par toi.
Ah ! si pour rafraîchir une âme désolée ,
Il suffit d'un doux souvenir,
Ruisseau ! pour ranimer l'herbe de la vallée,
Parfois n'y peux-tu reenir ?...

J'entends du vieux berger la plaintive musette ;
Mais qu'est devenu le troupeau ?
Sous l'empire de sa houlette

Desenne del.   Retouché par Margot.   Johannot sc.

Me voici devant la chapelle
Où mon cœur sans détour jura ses premiers vœux.

Pag. 28.

Il n'a plus même un innocent agneau;
   Tout en rêvant, il gravit la montagne;
Il traîne avec effort son âge et son ennui;
Les moutons ont quitté la stérile campagne;
   Le chien est resté près de lui.
   Mais que sa peine est facile et légère !
Du bonheur qui n'est plus il n'a point à rougir;
Sans trouble, sur un lit de mousse ou de fougère,
   Quand la nuit vient, il peut dormir.
Que de riches pasteurs lui porteraient envie !
Combien voudraient donner les plus nombreux troupeaux,
   La houlette, la bergerie,
   Pour une nuit d'un doux repos !
Et moi, d'amis aussi je fus environnée;
Mon avenir alors était brillant et sûr.
Vieux berger, comme toi je suis abandonnée;
Le songe est dissipé... mais le réveil est pur !

   Me voici devant la chapelle
Où mon cœur sans détour jura ses premiers vœux :
   Déjà mon cœur n'est plus heureux,
Mais à ses vœux trahis il est encor fidèle.
   J'y déposai, l'autre printemps,
Une fraîche couronne, aujourd'hui desséchée...
Cette chapelle, hélas ! dans les ronces cachée,
N'est-elle plus l'amour des simples habitans ?

Seule, j'y ferai ma prière :

Mon sort, je le sais trop, me défend d'espérer :

Eh bien ! sans espérance, à genoux sur la pierre,

J'aurai du moins la douceur de pleurer !

~~~~~~

LES LETTRES.

Hélas ! que voulez-vous de moi,
   Lettres d'amour, plaintes mystérieuses ?
Vous dont j'ai repoussé long-temps avec effroi
    Les prières silencieuses !
Vous m'appelez... je rêve... et je cherche, en tremblant,
Sur mon cœur, une clef qui jamais ne s'égare :
D'un éclair l'intervalle à présent nous sépare...
    Mais cet intervalle est brûlant !
Je n'ose respirer ! triste sans amertume,
Au passé, malgré moi, je me sens réunir :
Las d'oppresser mon sein, l'ennui qui me consume
    Va m'attendre dans l'avenir....
Je cède ! prends sa place, ô délirante joie !
Laisse fuir la douleur ! cache-moi l'horizon !
    Elle t'abandonne sa proie,
    Je t'abandonne ma raison !
Oui, du bonheur vers moi l'ombre se précipite :
De ce pupitre ouvert l'Amour s'échappe encor.
    Où va mon âme ?... elle me quitte ;
Plus prompte que ma vue, elle atteint son trésor !

Il est là !... toujours là, sous vos feuilles chéries,
Doux et frêles garans d'une éternelle ardeur !
Muet enchantement des tristes rêveries
    Où m'égare mon cœur !

  De sa pensée échos fidèles,
  De ses vœux discrets monumens,
L'Amour, qui l'inspirait, a dépouillé ses ailes
  Pour tracer vos tendres sermens.

Soulagement d'un cœur, et délices de l'autre,
Et de l'âme et des yeux éloquent entretien !
L'empire de l'absence est détruit par le vôtre.
Je vous lis ! mon regard est posé sur le sien !
Ne renfermez-vous pas la promesse adorée
Qu'il n'aimera que moi... qu'il aimera toujours ?
  Cette fleur qu'il a respirée...
  Ce ruban qu'il porta deux jours...
Comme la volupté, que j'ai connue à peine,
La fleur exhale encore un parfum ravissant ;
  N'est-ce pas sa brûlante haleine ?
N'est-ce pas de son âme un souffle caressant ?
Du ruban qu'il m'offrit que la couleur est belle !
  Le ciel n'a pas un bleu plus pur ;
  Non, des cieux le voile d'azur
  Ne me charmerait pas comme elle !...

Qu'ai-je fait ?... Le voilà son éternel adieu ;

Je touchais au bonheur, il m'en a repoussée;
En appelant l'espoir, ma langue s'est glacée;
Et ma froide compagne est rentrée en ce lieu !..
O mortelle douleur ! sombre comme la haine,
      Vous voilà de retour !
Prenez votre victime, et rendez-lui sa chaîne ;
Moi, je vous rends un cœur encor tremblant d'amour !

~~~~~~

PHILIS.

Presse-toi, vieux berger, tout annonce l'orage.
Le vent courbe les blés, détruit la fleur sauvage.
Un murmure plaintif circule au fond des bois,
Et l'écho me répond en attristant ma voix.
De ton chien prévoyant la garde est plus austère;
Il rôde, en haletant, d'un air triste et sévère;
Du fond de la vallée il ramène un agneau,
Et le chasse en grondant jusqu'au sein du troupeau.
L'ouragan tourbillonne et ravage la plaine.
L'éclair poursuit l'éclair ! il tonne ! il va pleuvoir;
Tout s'efface; il fait nuit long-temps avant le soir;
Et le toit de Philis ne se voit plus qu'à peine...
Laisse-moi te guider ! Si tu ne peux courir,
Je soutiendrai tes pas : ne crains point ma jeunesse;
J'ai déjà quatorze ans; j'honore la vieillesse,
Et je suis assez grand, du moins, pour la chérir.
La petite Philis t'ouvrira sa chaumière;
Son père m'a vu naître; il m'appelle son fils !
Peut-être qu'autrefois tu connaissais sa mère;
Elle n'est plus !... mais viens; tu connaîtras Philis !

Oui, berger, c'est Philis qui m'a dit tout à l'heure :

« Olivier, le ciel gronde ; on s'enferme au hameau.

« Nous sommes à l'abri ; mais au pied du coteau

« Je vois un vieux berger... Qu'il vienne en ma demeure.

« Regarde sur son front voler ses cheveux blancs !

« Comme il lève les yeux vers le ciel en colère !

« Il se met à genoux... C'est qu'il a des enfans,

« Et qu'il demande au ciel de leur garder un père ! »

Et Philis de mes mains a retiré sa main ;

Et jusqu'au fond du cœur j'ai cru sentir ses larmes !

Et j'ai couru vers toi... Mais, au bout du chemin,

Tu verras s'il est doux de calmer ses alarmes !

Berger, voilà Philis ! — Elle nous tend les bras ;

Vois comme son sourire est mêlé de tristesse !

Elle songe à sa mère, et pleure de tendresse ;

Sa mère lui sourit... mais ne lui répond pas !

Entrons — Le vieux berger rêve à ton doux langage,

Philis ! il te regarde, il est moins abattu.

On est calme avec toi, même au bruit de l'orage ;

O Philis ! on est bien auprès de la vertu !

Tandis que ses moutons sous la feuillée obscure

Arrachent à la terre une humide verdure,

Je lui raconterai, pour charmer ta frayeur,

Le plus beau de mes jours, le jour où je t'ai vue !

Si tu crains d'un éclair la lueur imprévue,
Tant que je parlerai, cache-toi sur mon cœur.

La petite Philis n'avait pas dix années,
Quand le hasard lia nos âmes étonnées.
Je l'aimai plus que moi, plus qu'un petit agneau
Que j'offris à Philis, et qu'elle trouvait beau !
C'était un jour de fête, et cet agneau volage
S'enfuit, malgré mes cris, loin de notre village.
Sous ce bouquet de houx qui cache une maison,
L'agneau vint se jeter... Hélas ! qu'il eut raison !
J'y rencontrai Philis ; je crus la reconnaître ;
Je crus l'avoir aimée avant même de naître !
Je sentis que mon cœur s'enfuyait vers le sien,
Et je vis dans ses yeux qu'elle attendait le mien.
Elle avait à ses pieds sa guirlande effeuillée ;
Elle pleurait... C'était une rose mouillée !
Saisi de sa douleur, je ne pouvais parler ;
Je ne pouvais la joindre, hélas ! ni m'en aller.
Son œil noir dans les pleurs brillait comme une étoile,
Ou comme un doux rayon quand il pleut au soleil.
On eût dit que mes yeux se dégageaient d'un voile,
Et que ce doux regard enchantait mon réveil !
J'oubliai mon hameau, mes parens, ma chaumière ;
Mon âme pour la voir venait sous ma paupière :
J'oubliai de punir l'agneau capricieux ;

Je regardais Philis, et je voyais les cieux.

« Qui t'alarme, lui dis-je, ô petite bergère ?

« As-tu peur d'un bélier caché dans la bruyère ?

« Ou quelque méchant pâtre, en grossissant sa voix,

« Ose-t-il t'empêcher de courir dans le bois ?

« Je voudrais... je voudrais savoir comme on t'appelle ?

« Moi, je suis Olivier. — Je suis Philis, dit-elle.

« Je n'ai vu qu'un agneau qu'appelait un enfant,

« Et je n'ai pas eu peur à la voix d'un méchant.

« Mais, en cueillant des fleurs pour couronner ma tête,

« Je disais : Ce fut donc encore un jour de fête,

« Puisqu'on m'avait parée avec de blancs atours,

« Que ma mère en priant s'endormit pour toujours !

« Elle avait demandé le pasteur du village:

« Le pasteur avait dit : *Espérance et courage !*

« Il bénit son sommeil ; et, pleurant avec nous,

« Parlait bas à mon père immobile à genoux.

« Les bergers pour la voir entouraient la chaumière ;

« Son nom, qu'ils aimaient tous, unissait leur prière.

« Sous le même rideau je voulus me cacher...

« Mon père, en gémissant, put seul m'en détacher.

« Vers le soir, dans son lit un ange vint la prendre ;

« Il emporta ma mère, et je la vis descendre

« A travers le sentier qu'éclairaient deux flambeaux:

« On chantait... mais ce chant m'arrachait des sanglots!

« Je lui tendais les bras, du haut de la montagne,

« Quand je vis des hiboux voler dans la campagne :
« Je n'osai plus crier : ma voix me faisait peur ;
« Son nom, qui m'étouffait, s'enferma dans mon cœur !
« L'ombre m'enveloppa : le reste, je l'ignore :
« On me trouva plongée en un profond sommeil ;
« Hélas ! dans ce sommeil on pleure, on aime encore !
« Il en est un, dit-on, sans amour, sans réveil !
« Depuis ce jour de fête on n'a pas vu ma mère ;
« Au sentier, chaque soir, elle appelle mon père ;
« Mais, quand je veux savoir s'il l'a vue en chemin,
« Il soupire et me dit : *Je la verrai demain !*
« Voilà, petit berger, la cause de mes larmes.
« A mon père attristé je cache mes alarmes ;
« Pour lui plaire, souvent je me pare de fleurs ;
« Et j'apprends à sourire, en retenant mes pleurs. »

Son père l'écoutait à travers la fenêtre ;
Je le pris pour le mien, en le voyant paraître ;
D'un air triste et content il sourit à Philis,
Et depuis ce moment il m'appela son fils !
L'agneau sautait près d'elle et broutait sa couronne ;
Hors de moi, je saisis ce précieux larcin ;
En tremblant de plaisir, je le mis dans mon sein.
« Si mon agneau te plaît, prends-le, je te le donne,
« Dis-je alors à Philis. Chaque jour, chaque soir,
« Si ton père y consent, je reviendrai le voir.

« Il semble qu'il demande et choisit sa maîtresse;
« Comme il me caressait, je vois qu'il te caresse.
« Les nœuds pour l'arrêter sont déjà superflus;
« Tu lui parles, Philis, il ne m'écoute plus ! »

Son père, en l'embrassant, nous permit cet échange.
Il fallut m'en aller !... Je courus sous la grange,
A mes tendres parens raconter mon bonheur;
Je montrai la guirlande encore sur mon cœur :
Je parlais de Philis, et j'embrassais ma mère !
Je brûlais que le jour nous rendît sa lumière !
En respirant les fleurs enfin je m'endormis,
Et mon rêve disait : *Philis ! Philis ! Philis !*
Ce nom charme en tous lieux mon oreille ravie;
Il a doublé mon âme et commencé ma vie;
Mes lèvres en dormant le savent prononcer,
Et, dans l'ombre, ma main essaie à le tracer;
C'est pour l'unir au mien que j'apprends à l'écrire...
Eveille-toi, Philis ! je n'ai plus rien à dire.
Tu peux ouvrir les yeux, le calme est de retour;
Le soleil épuré recommence un beau jour;
Avant de les quitter, il sèche nos campagnes,
Et de ses derniers feux redore les montagnes.

O berger ! si le ciel ici t'a fait venir,
C'est que le ciel nous aime, et qu'il va nous bénir !

Mais tes moutons joyeux se jettent dans la plaine ;
La pluie et la poussière ont pénétré leur laine ;
Demain, dans le ruisseau qui baigne le vallon,
J'irai t'aider moi-même à blanchir leur toison ;
J'irai... de ma Philis tu vois venir le père ;
Elle court dans ses bras, et l'atteint la première.
O berger ! si jamais, seul et loin de ton fils,
L'orage te surprend... souviens-toi de Philis !

~~~~~~

LA PROMENADE D'AUTOMNE.

Te souvient-il, ô mon âme ! ô ma vie !
D'un jour d'automne et pâle et languissant ?
Il semblait dire un adieu gémissant
Aux bois qu'il attristait de sa mélancolie.
Les oiseaux dans les airs ne chantaient plus l'espoir ;
Une froide rosée enveloppait leurs ailes,
Et, rappelant au nid leurs compagnes fidèles,
Sur des rameaux sans fleurs ils attendaient le soir.

Les troupeaux, à regret menés aux pâturages,
  N'y trouvaient plus que des herbes sauvages ;
Et le pâtre, oubliant sa rustique chanson,
Partageait le silence et le deuil du vallon !
  Rien ne charmait l'ennui de la nature.
La feuille qui perdait sa riante couleur,
Les coteaux dépouillés de leur verte parure,
Tout demandait au ciel un rayon de chaleur...
Seule, je m'éloignais d'une fête bruyante,
Je fuyais tes regards... Je cherchais ma raison !
Mais la langueur des champs, leur tristesse attrayante,

A ma langueur secrète ajoutaient leur poison.
Sans but et sans espoir suivant ma rêverie,
Je portais au hasard un pas timide et lent...
L'Amour m'enveloppa de ton ombre chérie,
Et, malgré la saison, l'air me parut brûlant !

Je voulais, mais en vain, par un effort suprême,
En me sauvant de toi, me sauver de moi-même !
Mon œil, voilé de pleurs, à la terre attaché,
Par un charme invincible en fut comme arraché :
A travers les brouillards une image légère
Fit palpiter mon sein de tendresse et d'effroi...
Le soleil reparaît, l'environne, l'éclaire,
Il entr'ouvre les cieux !... Tu parus devant moi !
Je n'osai te parler ; interdite, rêveuse,
Enchaînée et soumise à ce trouble enchanteur,
Je n'osai te parler... Pourtant j'étais heureuse,
Je devinai l'amour, et j'entendis mon cœur !
    Mais quand ta main pressa ma main tremblante,
Quand un frisson léger fit tressaillir mon corps,
Quand mon front se couvrit d'une rougeur brûlante,
    Dieu !... qu'est-ce donc que je sentis alors ?...
J'oubliai de te fuir, j'oubliai de te craindre,
Pour la première fois ta bouche osa se plaindre,
Ma douleur à la tienne osa se révéler,
Et mon âme vers toi fut prête à s'exhaler !...

Il m'en souvient ! — T'en souvient-il, ma vie !
   De ce tourment délicieux,
De ces mots arrachés à ta mélancolie :
    « Ah ! si je souffre, on souffre aux cieux ! »

Des bois nul autre aveu ne troubla le silence.
Ce jour fut de nos jours le plus beau, le plus doux !
Prêt à s'éteindre, enfin il s'arrêta sur nous,
Et sa fuite à mon cœur présagea ton absence !
   L'âme du monde éclaira notre amour;
Je vis ses derniers feux mourir sous un nuage;
Et dans nos cœurs brisés, désunis sans retour,
   Il n'en reste plus que l'image !

LES ROSES.

L'air était pur, la nuit régnait sans voiles ;
Elle riait du dépit de l'Amour ;
Il aime l'ombre ; et le feu des étoiles ,
En scintillant, formait un nouveau jour.
Tout s'y trompait. L'oiseau , dans le bocage ,
Prenait minuit pour l'heure des concerts ;
Et les zéphyrs , surpris de ce ramage ,
Plus mollement le portaient dans les airs.
Tandis qu'aux champs quelques jeunes abeilles
Volaient encore en tourbillons légers ,
Le Printemps en silence épanchait ses corbeilles ,
Et de ses doux présens embaumait nos vergers.
O ma mère ! on eût dit qu'une fête aux campagnes ,
Dans cette belle nuit, se célébrait tout bas ;
On eût dit que de loin mes plus chères compagnes
Murmuraient des chansons pour appeler mes pas.

Près du ruisseau qui rafraîchit les roses ,
Je respirais leurs suaves odeurs.
Le cœur ému de tant d'aimables choses ,

Cherchant le frais sur la mousse et les fleurs,
Je m'endormis.... Ne grondez pas, ma mère !
Dans notre enclos qui pouvait pénétrer ?
Moutons et chiens, tout venait de rentrer,
Et j'avais vu Daphnis passer avec son père.
Au bruit de l'eau, je sentis le sommeil
Envelopper mon âme et mes yeux d'un nuage,
Et lentement s'évanouir l'image
Que je tremblais de revoir au réveil !...
Je m'endormis. Mais l'image, enhardie,
Au bruit de l'eau, se glissa dans mon cœur :
Le chant des bois, leur vague mélodie,
En la berçant, fait rêver la pudeur.
En vain, pour m'éveiller, mes compagnes chéries
Auraient fait de mon nom retentir les prairies,
En me tendant leurs bras entrelacés,
J'aurais dit : *Non, je dors, je veux dormir, dansez !*

Mille songes couraient ; c'étaient les seuls nuages
Que la lune teignît de ses vagues lueurs :
Comme les papillons sur leurs ailes volages
De l'air qui les balance empruntent les couleurs.
Calme, les yeux fermés, je me sentais sourire ;
Des songes, prêts à fuir, je retenais l'essor ;
Mais las de voltiger, (ma mère, j'en soupire),
Ils disparurent tous... Un seul me trouble encor !

Un seul ! — Je vis Daphnis franchissant la clairière ;
Son ombre s'approcha de mon sein palpitant ;
    C'était une ombre ; et j'avais peur, pourtant :
    Mais le sommeil enchaînait ma paupière.
Doucement, doucement, il m'appela deux fois ;
      J'allais crier, j'étais tremblante ;
Je sentis sur ma bouche une rose brûlante ;
      Et la frayeur m'ôta la voix.

    Depuis ce temps. . . ne grondez pas, ma mère !
Daphnis, qui chaque soir passait avec son père,
Daphnis me suit partout, pensif et curieux ;
O ma mère ! il a vu mon rêve dans mes yeux !

LE RUBAN.

CETTE couleur, autrefois adorée,
　Ne doit plus être ma couleur;
Elle blesse mes yeux, elle attriste mon cœur,
En retraçant l'espoir qui m'avait égarée.
　Pour un objet plus frivole que moi,
Reprenez ce lien qui n'a rien de durable;
Celui qui m'enchaîna long-temps sous votre loi
　Ne me parut que trop aimable!
Il est brisé par vous, et brisé sans retour;
Faut-il en rappeler le souvenir pénible!
　Oubliez que je fus sensible,
　Je l'oublîrai peut-être un jour!
　Je pardonne à votre inconstance
　Les maux qu'elle m'a fait souffrir;
　Leur excès m'en a su guérir:
C'est à votre abandon que je dois l'existence.
J'ai repris le serment d'être à vous pour toujours;
Mais mon âme un instant fut unie à la vôtre;
　Et, je le sens, jamais un autre
　N'aura mes vœux, ne fera mes beaux jours!

Ces jours consacrés à vous plaire,
Ces vœux, si tendres et si doux,
Et toujours inspirés par vous,
Désormais qu'en pourrai-je faire?
Aime-t-on dès qu'on veut aimer?
Si je trouve un amant plus fidèle et plus tendre,
Mieux que vous il saura m'entendre;
Mais comme vous saura-t-il me charmer?
Pourquoi feignez-vous de le croire?
Vous offensez l'amour, en accusant mon cœur;
Ah! cet amour eût fait ma gloire,
S'il avait fait votre bonheur!
Votre bonheur, hélas! sera d'être volage;
Vous séduirez encor dès qu'on vous entendra;
Vous ferez le tourment de qui vous aimera;
Et déjà dans mes vers j'ai tracé votre image:

« Aussi léger que prompt à s'enflammer,
« De l'amour, en riant, il inspire l'ivresse;
« Mais pourquoi, quand son amour cesse,
« Ne cesse-t-on pas de l'aimer? »

L'ADIEU DU SOIR.

Dieu ! qu'il est tard !... quelle surprise !
Le temps a fui comme un éclair ;
Douze fois l'heure a frappé l'air,
Et près de toi je suis encore assise !
Et, loin de pressentir le moment du sommeil,
Je croyais voir encore un rayon de soleil !

Se peut-il que déjà l'oiseau dorme au bocage !
Ah ! pour dormir, il fait si beau !
Les étoiles en feu brillent dans le ruisseau,
Et le ciel n'a pas un nuage !
On dirait que c'est pour l'amour
Qu'une si belle nuit a remplacé le jour !
Mais, il le faut, regagne ta chaumière ;
Garde-toi d'éveiller notre chien endormi ;
Il méconnaîtrait son ami,
Et de mon imprudence il instruirait ma mère !
Tu ne me réponds pas ; tu détournes les yeux !
Hélas ! tu veux en vain me cacher ta tristesse,
Tout ce qui manque à ta tendresse

Ne manque-t-il pas à mes vœux ?

De te quitter donne-moi le courage.

Ecoute la raison ; va-t'en ! laisse ma main !

Il est minuit ; tout repose au village,

Et nous voilà presqu'à demain !

Écoute ! si le soir nous cause un mal extrême,

Bientôt le jour saura nous réunir ;

Et le bonheur du souvenir

Va se confondre encore avec le bonheur même...

Mais, je le sens, j'ai beau compter sur ton retour,

En te disant adieu chaque soir je soupire ;

Ah ! puissions-nous bientôt désapprendre à le dire !

Ce mot, ce triste mot n'est pas fait pour l'amour.

~~~~~~

PRIÈRE AUX MUSES.

Votre empire a troublé mon bonheur le plus doux.
    Muses ! rendez-moi ce que j'aime !
Un enfant fut son maître, et son maître suprême ;
    Il n'en a plus d'autre que vous.
    Ce n'est plus pour moi qu'il délire ;
Il a banni mon nom de ses écrits touchans.
    O Muses ! loin de lui sourire,
Par pitié pour l'Amour, n'écoutez plus ses chants !

    Cette fièvre qui le dévore,
En rêvant le transporte à vos divins concerts ;
Et, doucement pressé sur le cœur qui l'adore,
    Je l'entends murmurer des vers.
    Que cherche-t-il ? Est-ce la gloire ?
    Il la plaçait dans mon amour ;
    Les aveux d'un tendre retour
    Étaient sa plus douce victoire.
    Pensive, et seule au rendez-vous,
    Que devient sa jeune maîtresse ?
    Elle est muette en sa tristesse,

Quand l'ingrat chante à vos genoux !
Que sert de lui donner ma vie,
    S'il est heureux sans moi ?
Que deviendra l'amour dans mon âme asservie,
    S'il échappe à sa loi ?
    Cette loi si simple, si tendre,
    Quand je l'apprenais dans ses yeux,
Ses yeux alors me la faisaient comprendre
Bien mieux qu'Ovide en ses chants amoureux !
Sans définir l'amour, notre âme le devine :
    L'art n'apprend pas le sentiment...
Il est gravé pour moi, par une main divine,
    Dans le regard de mon amant !
    Où donc est-il ce regard plein d'ivresse ?
Il brûle encor, mais c'est d'une autre ardeur !
    J'ai donné toute ma tendresse ;
Cœur partagé peut-il payer mon cœur ?...

Mais si d'une brillante et trompeuse chimère
    L'ambitieux est épris pour jamais ;
    Si vous rejetez ma prière,
Muses ! qu'il soit heureux, du moins, par vos bienfaits !
    Heureux sans moi !... Je fuirai son exemple ;
Trop faible, en le suivant, je pourrais m'égarer ;
Livrez-lui vos trésors ! Ouvrez-lui votre temple ;
A celui de l'Amour, seule, j'irai pleurer.

L'obscurité que le sort me destine
M'éloigne d'un mortel ivre de vos faveurs...
Eh bien ! j'irai l'attendre au pied de la colline
   Qu'il gravira par un sentier de fleurs !
   Si quelquefois la romance attristée
   Peint mon ennui, le trouble de mes sens,
Inspirée au village, elle y sera chantée ;
Et les bergers naïfs rediront mes accens.

Adieu, Muses ! la gloire est trop peu pour mon âme ;
   L'amour sera ma seule erreur ;
   Et, pour la peindre en traits de flamme,
   Je n'ai besoin que de mon cœur.

L'INQUIÉTUDE.

Qu'est-ce donc qui me trouble? et qu'est-ce que j'attends?
Je suis triste à la ville, et m'ennuie au village;
  Les plaisirs de mon âge
Ne peuvent me sauver de la longueur du temps.
Autrefois l'amitié, les charmes de l'étude,
Remplissaient sans effort mes paisibles loisirs.
Oh ! quel est donc l'objet de mes vagues désirs ?
Je l'ignore, et le cherche avec inquiétude.
Si pour moi le bonheur n'était pas la gaîté,
Je ne le trouve plus dans la mélancolie;
Mais si je crains les pleurs autant que la folie,
  Où trouver la félicité ?
  Et vous qui me rendiez heureuse,
Avez-vous résolu de me fuir sans retour ?
Répondez, ma Raison... Incertaine et trompeuse,
M'abandonnerez-vous au pouvoir de l'Amour !...
Hélas ! voilà le nom que je tremblais d'entendre !
Mais l'effroi qu'il inspire est un effroi si doux !...
Raison ! vous n'avez plus de secret à m'apprendre,
Et ce nom, je le sens, m'en a dit plus que vous !

~~~~~~

LE RUISSEAU.

Le soleil brûlait la plaine ;
Les oiseaux étaient muets ;
Le vent balançait à peine
Les épis et les bluets.
Quelques chèvres dispersées
Sur le penchant des coteaux
Broutaient aux jeunes ormeaux,
Les vignes entrelacées.
Les troupeaux, au fond des bois,
S'égaraient dans la bruyère ;
Les chiens étaient sans colère ;
Les bergers étaient sans voix.
On entendait le murmure
D'un ruisseau vif et jaseur,
Qui livrait à l'aventure
Le secret d'un jeune cœur.
Sur les flots de son rivage,
Chloé, fuyant le soleil,
Penchait sa brûlante image,
Belle comme un fruit vermeil.

3

« A cette heure où mes compagnes
« Cherchent l'ombre à l'autre bord,
« Qu'au bruit vague des campagnes
« Tout s'engourdit et s'endort ;
« Sous ma guirlande nouvelle,
« Dites-moi, petit ruisseau,
« Me trouvez-vous aussi belle
« Que Daphnis me paraît beau ?
« En vain avec ma couronne
« J'ai l'air aussi d'une fleur ;
« Tout l'éclat qu'elle me donne
« Ne fait pas battre mon cœur...
« Aux bergères de mon âge
« Je vois les mêmes appas ;
« Elles dorment à l'ombrage,
« Et je n'en soupire pas !...
« Sans Daphnis tout m'est contraire ;
« Daphnis a donc plus d'attraits ?
« Et je sens qu'on ne peut plaire
« Qu'en ayant les mêmes traits !
« O Daphnis ! si la parure
« Me rendait belle à tes yeux,
« J'apprendrais, dans l'onde pur
« A tresser mes longs cheveux.
« J'irais supplier mon père
« De m'accorder pour un jo^r

« Le ruban qu'avait ma mère

« Quand il lui parla d'amour.

« Je cultiverais des roses,

« Pour les cueillir avec toi;

« J'inventerais mille choses

« Pour t'attirer près de moi !

« Hélas ! ma triste espérance

« Néglige un frivole soin;

« Si j'avais ta ressemblance,

« Je n'en aurais pas besoin !

« Tes yeux bleus ont une flamme

« Pareille aux astres tremblans;

« Leurs rayons pénètrent l'âme !

« Les miens sont noirs et brûlans.

« Sur ton front ta chevelure

« Forme un gracieux bandeau;

« La mienne ombre ma ceinture,

« Quand je quitte mon chapeau.

« Comme des feuilles dorées

« Se balancent sur les fleurs,

« Sous mille boucles cendrées

« Brillent tes vives couleurs.

« L'orme en fleurs est ton image;

« Et... (tout me parle aujourd'hui !)

« Au lierre il prête un ombrage;

Je suis faible comme lui...

« O Daphnis !... » — Et quelques larmes
Tombèrent dans le ruisseau ;
Elles en troublèrent l'eau
Comme elles voilaient ses charmes.
Dans le léger mouvement
De cette glace agitée,
Sous la surface argentée
Chloé crut voir son amant.
« O prodige ! cria-t-elle,
« Je vois l'ombre du pasteur ;
« Et cette glace fidelle
« Réfléchit jusqu'à mon cœur. »

Du saule le doux feuillage
Dans les airs se balança ;
Sur les pleurs de son visage
Un souffle amoureux passa...
L'Enfant qui porte des ailes,
Se sauvait d'un ciel de feu :
De brûlantes étincelles
Aux champs annonçaient un dieu !
On n'en sait pas davantage...
Le dieu baissa son bandeau,
Couvrit le jour d'un nuage,
Et fit taire le ruisseau.

LE CONCERT.

Quelle soirée ! ô Dieu ! que j'ai souffert !
Dans un trouble charmant je suivais l'Espérance ;
Elle enchantait pour moi les apprêts du concert...
　　Et je devais y pleurer ton absence !
Dans la foule cent fois j'ai cru t'apercevoir ;
Mes vœux toujours trahis n'embrassaient que ton ombre ;
L'Amour me la laissait doucement entrevoir,
Pour l'entraîner bientôt vers le lieu le plus sombre.
Séduite par mon cœur toujours plus agité,
Je voyais dans le vague errer ta douce image,
Comme un astre chéri qu'enveloppe un nuage,
Par des rayons douteux perce l'obscurité.
Pour la première fois insensible à tes charmes,
Art d'Orphée, art du cœur, j'ai méconnu ta loi :
J'étais toute à l'Amour, lui seul régnait sur moi,
　　Et le cruel faisait couler mes larmes !
　　D'un chant divin goûte-t-on la douceur,
Lorsqu'on attend la voix de celui que l'on aime !...
　　　Je craignais ton charme suprême,
　　　Il nourrissait trop ma langueur ;

Les sons d'une harpe plaintive ,
En frappant sur mon sein , le faisaient tressaillir ;
Ils fatiguaient mon oreille attentive ,
Et je me sentais défaillir...
Que faisais-tu , mon idole chérie ,
Quand ton absence éternisait le jour ?
Quand je donnais tout mon être à l'amour,
M'as-tu donné ta rêverie ?
As-tu gémi de la longueur du temps ?
D'un soir... d'un siècle écoulé pour t'attendre ?
Non ! son poids douloureux accable le plus tendre !
Seule , j'en ai compté les heures , les instans !
J'ai langui sans bonheur, de moi-même arrachée ;
Et toi , tu ne m'as point cherchée !...
Mais quoi ! l'impatience a soulevé mon sein ;
Et , lasse de rougir de ma tendre infortune ,
Je me dérobe à ce bruyant essaim
Des papillons du soir , dont l'hommage importune.
L'heure , aujourd'hui si lente à s'écouler pour moi ,
Ne marche pas encore avec plus de vitesse ;
Mais je suis seule , au moins , seule avec ma tristesse ,
Et je trace , en rêvant , cette lettre pour toi...
Pour toi , que j'espérais , que j'accuse , que j'aime !
Pour toi , mon seul désir , mon tourment , mon bonheur ;
Mais je ne veux la livrer qu'à toi-même ,
Et tu la liras sur mon cœur !

LA PRIÈRE PERDUE.

INEXPLICABLE cœur, énigme pour toi-même,
Tyran de ma raison, de la vertu que j'aime,
Ennemi du repos, amant de la douleur,
Que tu me fais de mal, inexplicable cœur !

Si l'horizon plus clair me permet de sourire,
De mon sort désarmé tu trompes le dessein;
Dans ma sécurité tu ne vois qu'un délire;
D'une vague frayeur tu soulèves mon sein.
Si de tes noirs soupçons l'amertume m'oppresse,
Si je veux par la fuite apaiser ton effroi,
Tu demandes du temps... quelques jours... rien ne presse...
J'hésite, tu gémis, je cède malgré moi.
Que je crains, ô mon cœur, ce tyrannique empire !
Que d'ennuis, que de pleurs il m'a déjà coûté !
    Rappelle-toi ce temps de liberté,
    Ce bien perdu dont ma fierté soupire.
Tu me trahis sans cesse, et tu me fais pitié.
Crois-moi, rends à l'amour un sentiment trop tendre;
    Pour ton repos, si tu voulais m'entendre,

Tu n'en aurais encor que trop de la moitié !

Non, dis-tu, non, jamais !... Trop faible esclave, écoute !

Ecoute ! et ma raison te pardonne et t'absout :

Rends-lui du moins les pleurs ! Tu vas céder sans doute?

Hélas ! non ! toujours non !... O mon cœur ! prends donc tout.

L'ORAGE.

O quelle accablante chaleur !
On dirait que le ciel va toucher la montagne.
Vois ce nuage en feu qui rougit la campagne.
Quels éclairs ! quel bruit sourd !... ne t'en va pas, j'ai peur !
    Les cris aigus de l'hirondelle
Annoncent le danger qui règne autour de nous ;
Son amant effrayé la poursuit et l'appelle :
Pauvres petits oiseaux , vous retrouverez-vous ?

Reste, mon bien-aimé ! reste, je t'en conjure ;
    Le ciel va s'entr'ouvrir :
De l'orage sans moi tu veux braver l'injure ;
Cruel ! en me quittant, tu me verrais mourir.
Ce nuage embrasé qui promène la foudre ,
Vois-tu bien , s'il éclate, on est réduit en poudre !...
Encourage mon cœur, il palpite pour toi...
Ta main tremble, Olivier, as-tu peur comme moi ?
Tu t'éloignes ; tu crains un danger que j'ignore ;
En est-il un plus grand que d'exposer tes jours ?
Je donnerais pour toi ma vie et nos amours ;
Si j'avais d'autres biens, tu les aurais encore !

En cédant à tes vœux, j'ai trahi mon devoir ;
Mais, ne m'en punis pas. Elle est loin, ta chaumière !
Pour nous parler d'amour, tu demandais le soir...
Eh bien ! pour te sauver, prends la nuit tout entière ;
Mais ne me parle plus de ce cruel amour ;
Je vais l'offrir à Dieu, dans ma tristesse extrême :
    C'est en priant pour ce que j'aime
      Que j'attendrai le jour.

Sur nos champs inondés tourne un moment la vue :
Réponds ; malgré mes pleurs, veux-tu partir encor ?
Méchant, ne souris plus de me voir trop émue ;
Peut-on ne pas trembler en quittant son trésor ?
Je vais me réunir à ma sœur endormie :
Adieu ! laisse gronder et gémir l'aquilon ;
Quand il aura cessé d'attrister le vallon,
Tu pourras t'éloigner du toit de ton amie.
Mais quel nouveau malheur ! qu'allons-nous devenir ?
    N'entends-tu pas la voix de mon vieux père ?
    Ne vois tu pas une faible lumière ?...
    De ce côté, Dieu ! s'il allait venir !
    Pour une faute, Olivier, que d'alarmes !
Laisse-moi seule au moins supporter son courroux ;
    Puis tu viendras embrasser ses genoux
    Quand je l'aurai désarmé par mes larmes.

Non!... la porte entr'ouverte a causé ma frayeur :
On tremble au moindre bruit, lorsque l'on est coupable !
Laisse-moi respirer du trouble qui m'accable !
    Laisse-moi retrouver mon cœur !
  Séparons-nous, je suis trop attendrie ;
Sur ce cœur agité ne pose plus ta main ;
Va ! si le ciel entend ma prière chérie,
    Il sera plus calme demain !
Demain, au point du jour, j'irai trouver mon père ;
Sa bonté préviendra mes timides aveux ;
De nos tendres amours pardonnant le mystère,
Il ne t'appellera que pour combler tes vœux.
Déjà le vent rapide emporte le nuage,
La lune nous ramène un doux rayon d'espoir,
Adieu ! je ne crains plus d'oublier mon devoir ;
O mon cher Olivier ! j'ai trop peur de l'orage.

~~~~~~

A MA FAUVETTE.

Adieu , Fauvette ! adieu ton chant plein de douceur !
Il ne charmera plus ma triste rêverie
  En pénétrant jusqu'à mon cœur.
  Adieu , ma compagne chérie !
Je ne l'entendrai plus ce doux accent d'amour,
  Et cette rapide cadence ,
  Légère comme l'espérance ,
  Qui m'échappe aussi sans retour.
 O ma Fauvette ! en ces lieux adorée ,
  Puisses-tu trouver le bonheur !
  Il n'est trop souvent qu'une erreur !
Mais qui peut plus que toi compter sur sa durée ?
De t'entendre toujours n'a-t-on pas le désir ?
Le méchant qui t'écoute a-t-il encor des armes ?
Et lorsqu'en triomphant tu chantes le Plaisir ,
Par ta voix célébré , n'a-t-il pas plus de charmes ?

Tu n'as point à prévoir un triste changement :
  De tes succès l'aimable enchantement
  D'un vain orgueil ne t'a point enivrée ;

Et je te vois, d'hommages entourée,
  Sensible aux maux de l'amitié,
Ne pouvant les guérir, en prendre la moitié.
    Laisse ta compagne plaintive,
    Sans espérance et sans bonheur,
    Au fond d'un bois, seule et pensive,
    Exhaler sa vaine douleur !
Quelques feuilles bientôt y couvriront ma tombe ;
    Sans le haïr, je fuis le monde ;
    En le fuyant, j'obéis à sa loi.
O ma Fauvette, il fut trop cruel envers moi !
    J'ai tout perdu : la solitude
    Me promet un triste repos ;
Ta compagne blessée y cachera ses maux,
Et du chant des regrets reprendra l'habitude.

Ce monde indifférent n'aura pas mes adieux ;
  C'est à toi seule, à toi de les entendre ;
    Il rit des plaintes d'un cœur tendre,
    Et repousse les malheureux ;
  Pour le charmer, conserve ton ramage.
Plus heureuse que moi, Fauvette, sois plus sage !
Maîtresse de ton sort, et libre de choisir,
Sous un ciel toujours pur va chercher un asile ;
    Le froid climat où l'on m'exile
    Serait pour toi le tombeau du Plaisir.

Le Plaisir, qui t'appelle en un brillant parterre,
  T'y prépare déjà ses riantes couleurs ;
Il sait que la Fauvette, et joyeuse et légère,
  Doit chanter au milieu des fleurs.

L'INCONSTANCE.

Inconstance ! affreux sentiment !
Je t'implorais... je te déteste !
Si d'un nouvel amour tu me fais un tourment,
N'est-ce pas ajouter au tourment qui me reste ?
Pour me venger d'un cruel abandon,
Offre un autre secours à ma fierté confuse ;
Tu flattes mon orgueil, tu séduis ma raison ;
Mais mon cœur est plus tendre ! il échappe à ta ruse !
Oui, prête à m'engager en de nouveaux liens,
Je tremble d'être heureuse, et je verse des larmes ;
Oui, je sens que mes pleurs avaient pour moi des charmes,
Et que mes maux étaient mes biens.

Si tu veux m'égarer dans l'amour que j'inspire,
Si tu ne veux changer ton ivresse en remords,
Arrache donc mon âme à ses premiers transports,
A ce tourment aimé que rien ne peut décrire !
Mais sera-t-il payé, même par le bonheur ?
Pour le goûter jamais, mon âme est trop sensible ;
Je la donne au plaisir... une pente invincible

La ramène vers la douleur.

Comme un rêve mélancolique,

Le souvenir de mes amours

Trouble mes nuits, voile mes jours.

Il est éteint ce feu, ce charme unique,

Éteint par toi, cruelle !... En vain à mes genoux

Tu promets d'enchaîner un amant plus aimable,

Ce cœur blessé, dont l'Amour est jaloux,

Donne encore un regret, un soupir au coupable.

Qu'il m'était cher ! que je l'aimais !

Que par un doux empire il m'avait asservie !

Ah ! je devais l'aimer toute ma vie,

Ou ne le voir jamais !

Que méchamment il m'a trompée !

Se peut-il que son âme en fût préoccupée,

Quand je donnais à son bonheur

Tous les battemens de mon cœur !

Dieu ! comment se peut-il qu'une bouche si tendre

Par un charme imposteur égare la vertu ?

Si ce n'est dans l'amour, où pouvait-il le prendre,

Quand il disait : *Je t'aime ; m'aimes-tu ?*

O fatale inconstance ! ô tourment de mon âme !

Qu'as-tu fait de la sienne, et qu'as-tu fait de moi ?

Non, ce n'est pas l'Amour ! ce n'est pas lui ! c'est toi

Qui de nos jours heureux a désuni la flamme.
Je ne pouvais le croire : un triste étonnement
Au cœur le plus sensible ôtait le sentiment.
Mes pleurs se desséchaient à leur source brûlante,
Mon sang ne coulait plus ; j'étais pâle, mourante ;
Mes yeux désenchantés repoussaient l'avenir...
Tout semblait m'échapper... tout, jusqu'au souvenir.
    Mais il revient ! rien ne l'efface ;
La douleur en fuyant laisse encore une trace !
Si tu m'as vue, un jour, me troubler à ta voix,
C'est que tu l'embellis d'un accent que j'adore.
    Oui, cet accent me trouble encore,
Et mon cœur fut créé pour n'aimer qu'une fois !

LA NUIT D'HIVER.

Qui m'appelle à cette heure, et par le temps qu'il fait?
C'est une douce voix, c'est la voix d'une fille :
Ah ! je te reconnais ; c'est toi, Muse gentille !
    Ton souvenir est un bienfait.
Inespéré retour ! aimable fantaisie !
Après un an d'exil, qui t'amène vers moi ?
Je ne t'attendais plus, aimable Poésie,
Je ne t'attendais plus, mais je rêvais à toi.

Loin du réduit obscur où tu viens de descendre,
L'amitié, le bonheur, la gaîté, tout a fui :
O ma Muse ! est-ce toi que j'y devais attendre !
Il est fait pour les pleurs et voilé par l'ennui.
Ce triste balancier, dans son bruit monotone,
Marque d'un temps perdu l'inutile lenteur ;
Et j'ai cru vivre un siècle, alors que l'heure sonne,
    Vide d'espoir et de bonheur......
L'hiver est tout entier dans ma sombre retraite :
    Quel temps as-tu daigné choisir !
    Que doucement par toi j'en suis distraite !
Oh ! quand il nous surprend, qu'il est beau le plaisir !

D'un foyer presque éteint la flamme salutaire
Par intervalle encor trompe l'obscurité ;
Si tu veux écouter ma plainte solitaire ,
    Nous causerons à sa clarté.
  Petite Muse , autrefois vive et tendre ,
Dont j'ai perdu la trace au temps de mes malheurs ,
As-tu quelque secret pour charmer les douleurs ?.
Viens , nul autre que toi n'a daigné me l'apprendre.
Ecoute ! nous voilà seules dans l'univers ,
     Naïvement je vais tout dire :
J'ai rencontré l'Amour , il a brisé ma lyre ;
Jaloux d'un peu de gloire , il a brûlé mes vers.

« Je t'ai chanté , lui dis-je , et ma voix , faible encore ,
Dans ses premiers accens parut juste et sonore ;
Pourquoi briser ma lyre ? elle essayait ta loi.
Pourquoi brûler mes vers ? je les ai faits pour toi.
Si des jeunes amans tu troubles le délire ,
Cruel , tu n'auras plus de fleurs dans ton empire ;
Il en faut à mon âge ; et je voulais , un jour ,
M'en parer pour te plaire , et te les rendre , Amour !
Déjà je te formais une simple couronne ,
Fraîche, douce en parfums. Quand un cœur pur la donne ,
Peux-tu la dédaigner ? Je te l'offre à genoux ;
Souris à mon orgueil , et n'en sois point jaloux ;
Je n'ai jamais senti cet orgueil pour moi-même ;

Mais il dit mon secret, mais il prouve que j'aime.
Eh bien ! fais le partage en généreux vainqueur :
Amour, pour toi la gloire, et pour moi le bonheur.
C'est un bonheur d'aimer, c'en est un de le dire.
Amour, prends ma couronne, et laisse-moi ma lyre ;
Prends mes vœux, prends ma vie... Hélas ! prends tout, cruel !
Mais laisse-moi chanter au pied de ton autel ! » —
   « Non, dit l'Amour. Ta prière me blesse ;
   Dans le silence, obéis à ma loi :
   Tes yeux en pleurs, plus éloquens que toi,
Révèleront assez ma force, et ta faiblesse. »

Muse, voilà le ton de ce maître si doux !
Je n'osai lui répondre, et je versai des larmes ;
Je sentis ma faiblesse, et je maudis ses armes.
Pauvre lyre ! je fus muette comme vous !
L'ingrat ! il a puni jusques à mon silence.
   Lassée enfin de sa puissance,
Muse, je te redonne et mes vœux et mes chants.
Viens leur prêter ta grâce, et rends-les plus touchans...
Mais tu pâlis, ma chère, et le froid t'a saisie !
C'est l'hiver qui t'opprime et ternit tes couleurs !
Je ne puis t'arrêter, charmante Poésie ;
Adieu ! tu reviendras dans la saison des fleurs.

LE BILLET.

Message inattendu, cache-toi sur mon cœur !
　　Cache-toi ! je n'ose te lire.
Tu m'apportes l'espoir ; ne fût-il qu'un délire,
Je te devrai du moins l'ombre de mon bonheur !
Prolonge dans mon sein ma tendre inquiétude ;
Je désire à la fois et crains la vérité :
　　On souffre de l'incertitude,
　　On meurt de la réalité !

Recevoir un billet du volage qu'on aime,
　　C'est presque le revoir lui-même.
　En te pressant, j'ai cru presser sa main ;
En te baignant de pleurs, j'ai pleuré sur son sein ;
Et si le repentir y parle en traits de flamme,
En lisant cet écrit je lirai dans son âme.
J'entendrai le serment qu'il a fait tant de fois,
Et j'y reconnaîtrai jusqu'au son de sa voix !
　　Sous cette enveloppe fragile
　　L'Amour a renfermé mon sort...
　　Ah ! le courage est difficile,
Quand on attend d'un mot ou la vie ou la mort !

Mystérieux cachet, qui m'offres sa devise,
    En te brisant, rassure-moi !
Non, le détour cruel d'une affreuse surprise
    Ne peut être scellé par toi !
Au temps de nos amours, je t'ai choisi moi-même;
Tu servis les aveux d'une timide ardeur;
    Et sous le plus touchant emblème
    Je vais voir le bonheur !...

Mais, si tu dois détruire un espoir que j'adore,
Amour, de ce billet détourne ton flambeau !
Par pitié, sur mes yeux attache ton bandeau,
Et laisse-moi douter quelques momens encore !

L'INSOMNIE.

Je ne veux pas dormir ; ô ma chère Insomnie,
Quel sommeil aurait ta douceur !
L'ivresse qu'il accorde est souvent une erreur,
Et la tienne est réelle, ineffable, infinie !
Quel calme ajouterait au calme que je sens ?
Quel repos plus profond guérirait ma blessure ?
Je n'ose pas dormir ; non, ma joie est trop pure...
Un rêve en distrairait mes sens !

Il me rappellerait peut-être cet orage
Dont tu sais enchanter jusques au souvenir ;
Il me rendrait l'effroi d'un douteux avenir,
Et je dois à ma veille une si douce image !
Un bienfait de l'Amour a changé mon destin ;
Oh ! qu'il m'a révélé de touchantes nouvelles !
Son message est rempli ; je n'entends plus ses ailes ;
J'entends encor : *Demain ! demain !*

Berce mon âme en son absence,
Douce Insomnie ; et que l'Amour

Demain me trouve, à son retour,
    Riante comme l'Espérance !
Pour éclairer l'écrit qu'il laissa sur mon cœur,
    Sur ce cœur qui tressaille encore,
Ma lampe a ranimé sa propice lueur,
    Et ne s'éteindra qu'à l'aurore.
Laisse à mes yeux ravis briller la vérité :
Écarte le sommeil ; défends-moi de tout songe :
Il m'aime, il m'aime encore !...O Dieu ! pour quel mensonge
Voudrais-je me soustraire à la réalité !

~~~~~~

SON IMAGE.

Elle avait fui de mon âme offensée ;
Bien loin de moi je crus l'avoir chassée ;
Toute tremblante, un jour, elle arriva,
Sa douce image, et dans mon cœur rentra ;
Point n'eus le temps de me mettre en colère ;
Point ne savais ce qu'elle voulait faire ;
Un peu trop tard mon cœur le devina.

Sans prévenir, elle dit : « Me voilà !
« Ce cœur m'attend. Par l'Amour, que j'implore,
« Comme autrefois j'y vais régner encore ! »

Au nom d'Amour, ma raison se troubla :
Je voulus fuir, et tout mon corps trembla.
Je bégayai des plaintes au perfide ;
Pour me toucher il prit un air timide ;
A genoux même, en pleurant, il tomba. . . .
J'oubliai tout dès que l'Amour pleura.

~~~~~~

LES DEUX AMOURS.

Je m'ignorais encor, je n'avais pas aimé...
O Dieu ! si ce n'est toi, qui pouvait me l'apprendre ?
A quinze ans, j'entrevis un enfant désarmé ;
C'était l'Amour ; plus folâtre que tendre,
   D'un trait sans force il effleura mon cœur ;
   Il fut léger comme un riant mensonge ;
Il offrait le plaisir, sans parler de bonheur ;
   Il s'envola...Je ne perdis qu'un songe.

C'est dans tes yeux que j'ai vu l'autre Amour,
Dont le premier regard trouble, saisit, enflamme,
Qui commande à nos sens, qui s'attache à notre âme,
   Et qui l'asservit sans retour.
   Cette félicité suprême,
   Cet entier oubli de soi-même,
   Ce besoin d'aimer pour aimer,
Et que le mot amour semble à peine exprimer ;
Ton cœur seul le renferme, et le mien le devine ;
Je sens à tes transports, à ma fidélité,
Qu'il veut dire à la fois, bonheur, éternité !...
   Et que sa puissance est divine.

LES DEUX AMITIÉS.

A MON AMIE, ALBERTINE GANTIER.

Il est deux Amitiés comme il est deux Amours ;
  L'une ressemble à l'Imprudence ;
Faite pour l'âge heureux dont elle a l'ignorance,
  C'est une enfant qui rit toujours.
   Bruyante, naïve, légère,
  Elle éclate en transports joyeux ;
Aux préjugés du monde, indocile, étrangère,
Elle confond les rangs, et folâtre avec eux.
   L'instinct du cœur est sa science,
   Et son guide est la Confiance.
   L'enfance ne sait point haïr,
  Elle ignore qu'on peut trahir.
Si l'ennui dans ses yeux (on l'éprouve à tout âge)
   Fait rouler quelques pleurs,
L'Amitié les arrête, et couvre ce nuage
   D'un nuage de fleurs.
On la voit s'élancer près de l'enfant qu'elle aime,
Caresser la douleur sans la comprendre encor,
Lui jeter des bouquets moins rians qu'elle-même,

L'obliger à la fuite, et reprendre l'essor.

C'est elle, ô ma première amie,

Dont la chaîne s'étend pour nous unir toujours.

Elle embellit par toi l'aurore de ma vie,

Elle en doit embellir encor les derniers jours.

Oh ! que son empire est aimable !

Qu'il répand un charme ineffable

Sur la jeunesse et l'avenir ,

Ce doux reflet du souvenir !

Ce rêve pur de notre enfance

En a prolongé l'innocence ;

L'Amour , le temps , l'absence, le malheur,

Semblent le respecter dans le fond de mon cœur ;

Il traverse avec nous la saison des orages,

Comme un rayon du ciel qui nous guide et nous luit ;

C'est, ma chère, un jour sans nuages ,

Qui prépare une douce nuit.

L'autre Amitié , plus grave , plus austère,

Se donne avec lenteur , choisit avec mystère ;

Elle observe en silence, et craint de s'avancer ;

Elle écarte les fleurs , de peur de s'y blesser ;

Choisissant la Raison pour conseil et pour guide,

Elle voit par ses yeux, et marche sur ses pas ;

Son abord est craintif , son regard est timide ;

Elle attend , et ne prévient pas.

L'IMPRUDENCE.

Comme une fleur méchamment effeuillée,
Pâlit, tombe et s'efface une brillante erreur.
  Ivre de toi, je rêvais le bonheur,
    Je rêvais... tu m'as éveillée !
  Que ce réveil va me coûter de pleurs !
Dans le sein de l'Amour pourrai-je les répandre ?
Il m'enchaînait à toi par des liens de fleurs ;
    Tu me forces à les lui rendre.
Un seul mot à nos yeux découvre l'avenir ;
Un reproche souvent attriste l'espérance...
Hélas ! s'il faut rougir d'une tendre imprudence,
Toi qui la partageas, devais-tu m'en punir ?
Loin de moi va chercher un plus doux esclavage.
Ingrat ! de mon bonheur j'ai payé ton bonheur;
Eh bien ! pour t'en venger, tu m'as rendu mon cœur,
Et tu me l'as rendu brûlant de ton image !
  Je le reprends ce cœur blessé par toi ;
Ne me reproche plus ma folle imprévoyance ;
    Je lui dois ton indifférence ;
Que te faut-il encor pour te venger de moi ?

LA COLÈRE.

Reprends de ce bouquet les trompeuses couleurs,
  Ces lettres qui font mon supplice,
  Ce portrait qui fut ton complice !
Il te ressemble ! il rit, tout baigné de mes pleurs !
  Je te rends ce trésor funeste,
  Ce froid témoin de mon affreux ennui !
  Ton souvenir brûlant... que je déteste,
  Sera bientôt froid comme lui !
  Oh ! reprends tout ! Si ma main tremble encore,
C'est que j'ai cru te voir sous ces traits que j'abhorre.
Oui, j'ai cru rencontrer le regard d'un trompeur;
Ce fantôme a troublé mon courage timide.
Ciel ! on peut donc mourir à l'aspect d'un perfide,
  Si son ombre fait tant de peur !

Comme ces feux errans, dont le reflet égare,
  La flamme de tes yeux a passé devant moi;
Je rougis d'oublier qu'enfin tout nous sépare;
  Mais je n'en rougis que pour toi !

Que mes froids sentimens s'expriment avec peine !
Amour, que je te hais de m'apprendre la haine !
Eloigne-toi ; reprends ces trompeuses couleurs,
    Ces lettres qui font mon supplice,
    Ce portrait qui fut ton complice !
Il te ressemble aussi ; car il rit de mes pleurs !
Cache au moins ma colère au cruel qui t'envoie !
Dis que j'ai tout brisé, sans larmes, sans efforts...
Hélas ! en lui peignant mes douloureux transports,
    Tu lui donnerais trop de joie !
Reprends vite , reprends les écrits dangereux
Où, cachant sous des fleurs son premier artifice,
Il voulut essayer sa cruauté novice
    Sur un cœur simple et malheureux.
Quand tu voudras encore égarer l'innocence,
    Quand tu voudras voir brûler et languir,
    Quand tu voudras faire aimer et mourir,
    N'emprunte pas d'autre éloquence !
L'art de séduire est là... comme il est dans son cœur !
    Va ! tu n'as plus besoin d'étude.
Sois léger par penchant, ingrat par habitude,
Donne la fièvre, Amour ! et garde ta froideur !
    Ne change rien aux aveux pleins de charmes
    Dont la magie entraîne au désespoir :
Tu peux de chaque mot calculer le pouvoir,
Et choisir ceux encore imprégnés de mes larmes !

Il n'ose me répondre... il s'envole... il est loin !
Puisse-t-il d'un ingrat éterniser l'absence !
Il faudrait par fierté sourire en sa présence ;
　　J'aime mieux mourir sans témoin !
Il ne reviendra plus !... il sait que je l'abhorre.
Je l'ai dit à l'Amour, qui déjà s'est enfui ;
S'il osait revenir, je le dirais encore !
Mais on approche ! on parle !... Hélas ! ce n'est pas lui !

L'HIRONDELLE ET LE ROSSIGNOL.

PRÊTE à s'élancer, joyeuse,
Aux libres plaines des cieux,
L'Hirondelle·voyageuse
A la saison pluvieuse
Jetait un long cri d'adieux ;
Sous un chêne solitaire
Elle entend le Rossignol ;
Sa voix lui fut toujours chère;
Et la jeune passagère
Écoute, et suspend son vol;
Elle recueille, attentive,
L'accent qui cherche le cœur ;
Mais ce chant qui la captive,
Dans sa mesure moins vive,
N'exprime plus le bonheur !

« A quoi rêvez-vous ? dit-elle ;
« Les zéphyrs sont au beau temps :
« Sur la rive maternelle
« Le doux printemps vous appelle ;
« N'aimez-vous plus le printemps ?....

5

« — Sauvez-vous, pauvre petite,
« Sans me demander pourquoi
« J'ai choisi ce sombre gîte :
« L'oiseleur, qu'en vain j'évite,
« Vous l'apprendrait mieux que moi. »

Alors autour du grand chêne
Elle entrevoit des réseaux ;
Gémissante, et hors d'haleine,
Elle veut briser la chaîne
Du roi des petits oiseaux :

« Vous n'êtes pas assez forte,
« Dit-il, mais consolez-vous :
« Du monde il faut que tout sorte ;
« Dieu n'y plaça qu'une porte,
« Et la Mort l'ouvre pour tous ;
« Sous cette loi simple et juste
« On voit passer tour à tour
« L'oiseleur, l'oiseau, l'arbuste,
« Les rois et leur race auguste :
« J'y passerai donc un jour.
« Mais des rois l'ombre incertaine
« Demande grâce souvent
« Au destin qui les entraîne :
« L'oiseau blessé qui s'y traîne,

« Se repose en arrivant.

« Là de la flèche empennée

« Tous les traits sont amortis ;

« Et la mère infortunée,

« Libre et désemprisonnée ,

« Chante auprès de ses petits !

« Si votre pitié naïve

« Ne craint pas de nouveaux pleurs,

« Cherchez au bord de la rive

« Une feuille fugitive

« Où sont gravés mes malheurs ;

« Un ami de la nature

« Voulut les y peindre en vers ;

« Son âme éloquente et pure

« Puise au fond de ma blessure

« Des leçons pour l'univers.

« On les retiendra sans peine ;

« Son nom sera leur appui ;

« L'écho partout le promène ;

« Je crois que c'est La Fontaine ;

« Car il écrit comme lui. »

Sous l'ombre mystérieuse

La feuille alors murmura ;

Et, long-temps silencieuse ,

Plus triste que curieuse,
L'Hirondelle soupira.

« Adieu donc ! s'écria-t-elle,
«'Puisqu'il faut partir sans vous !
« Puisse une feuille nouvelle
« Quelque jour à l'Hirondelle
« Révéler un sort plus doux ! »

LA SÉPARATION.

Il est fini ce long supplice !
Tu m'as rendu mes sermens et ma foi ;
Je t'ai rendu ton cœur, je n'ai plus rien à toi !...
Quel douloureux effort ! quel entier sacrifice !
Mais, en brisant les plus aimables nœuds,
Nos cœurs toujours unis semblent toujours s'entendre ;
On ne saura jamais lequel fut le plus tendre,
Ou le plus malheureux.

A t'oublier c'est l'honneur qui m'engage !
Tu t'y soumets... je n'ai plus d'autre loi.
O toi qui m'as donné l'exemple du courage,
Aimais-tu moins que moi ?
Va, je te plains autant que je t'adore ;
Je t'ai permis de trahir tes amours ;
Mais moi, pour t'adorer je serai libre encore ;
Je veux l'être toujours.
Je l'ai promis, je vivrai pour ta gloire.
Cher objet de mon souvenir,
Sois le charme de ma mémoire,

Et l'espoir de mon avenir !
Si jamais, dans ma solitude,
   Ton nom, pour toujours adoré,
   Vient frapper mon cœur déchiré,
Qu'il adoucisse au moins ma tendre inquiétude !
   Que l'on me dise : Il est heureux.
Oui, sois heureux, ou du moins plus paisible,
   Malgré l'Amour , et le sort inflexible
     Qui m'enlève à tes vœux !

    Adieu !.... mon âme se déchire !
Ce mot que dans mes pleurs je n'ai pu prononcer,
Adieu !.... ma bouche encor n'oserait te le dire....
   Et ma main vient de le tracer !

~~~~~~

ADIEU MES AMOURS.

Adieu, mes fidèles amours !
Adieu   le charme de ma vie !
Notre félicité d'amertume est suivie ;
Et nous avons bien cher payé quelques beaux jours !
  Mais le remords ne trouble point notre âme ;
  Et, comme toi, fidèle en mes douleurs,
Contre tous les plaisirs d'une nouvelle flamme
  Je n'échangerais pas mes pleurs !

  Pendant le jour, écartant ton image,
  Mes souvenirs et mes vœux superflus,
Je supporte mon sort ; et, presque avec courage,
  Je me dis : Il ne viendra plus !

Le soir, en ma douleur, et plus faible et plus tendre,
Oubliant que pour nous il n'est plus d'avenir,
Je me laisse entraîner au bonheur de t'attendre,
  Et je me dis : Il va venir !....

Mais quand l'heure a détruit cet espoir plein de charmes,
Je plains, sans l'accuser, un amant si parfait ;

Je regarde le ciel, en essuyant mes larmes,
   Et je me dis : Il a bien fait !

Oui, de trop de regrets l'espérance est suivie :
Je renonce au bonheur. J'ai perdu mes beaux jours.
   Adieu, le charme de ma vie !
   Adieu, mes fidèles amours !

LE PRESSENTIMENT.

C'est en vain que l'on nomme erreur
  Cette secrète intelligence,
Qui, portant la lumière au fond de notre cœur,
Sur des maux ignorés nous fait gémir d'avance.
C'est l'adieu du bonheur prêt à s'évanouir ;
C'est un subit effroi dans une âme paisible ;
  Enfin, c'est pour l'être sensible
  Le fantôme de l'avenir.

  Pressentiment, dont j'éprouvai l'empire !
Oh ! qui peut résister à tes vagues douleurs ?
  Encore enfant, tu m'as coûté des pleurs,
Et de mon front joyeux tu chassas le sourire.

  Oui, je t'ai vu couvert d'un voile noir,
    Aux plus beaux jours de mon jeune âge ;
    Tu formas le premier nuage
Qui des beaux jours lointains enveloppa l'espoir.
Tout m'agitait encor d'une innocente ivresse :
Tout brillait à mes yeux des plus vives couleurs ;

Et je voyais la riante Jeunesse
Accourir en dansant pour me jeter des fleurs.
  Au sein de mes chères compagnes,
  Courant dans les vertes campagnes,
  Frappant l'air de nos doux accens,
  Qui pouvait attrister mes sens ?
  Comme les fauvettes légères
  Se rassemblent dans les bruyères,
  La saison des fleurs et des jeux
  Rassemblait notre essaim joyeux.
  Un jour, dans ces jeux pleins de charmes,
Je cessai tout à coup de trouver le bonheur;
  J'ignorais qu'il fût une erreur,
  Et pourtant je versai des larmes;
 En revenant je ralentis mes pas;
Je remarquai du jour le feu prêt à s'éteindre,
Sa chute à l'horizon, qu'il regrettait d'atteindre;
Mes compagnes dansaient.... moi, je ne dansai pas.

Un mois après j'errai dans ce lieu solitaire;
Hélas ! ce n'était plus pour y chercher des fleurs :
La Mort m'avait appris le secret de mes pleurs;
 Et j'étais seule au tombeau de ma mère !

A DÉLIE.

I.

Par un badinage enchanteur,
Vous aussi, vous m'avez trompée !
Vous m'avez fait embrasser une erreur ;
Légère comme vous, elle s'est échappée.
Pour me guérir du mal qu'Amour m'a fait,
Vous avez abusé de votre esprit aimable ;
Et je vous trouverais coupable,
Si je pouvais en vous trouver rien d'imparfait.

Je l'ai vu cet amant si discret et si tendre ;
J'ai suivi son maintien, son silence, sa voix...
Ai-je pu m'abuser sur l'objet de son choix ?
Ses regards vous parlaient, et j'ai su les entendre.
Mon cœur est éclairé, mais il n'est point jaloux.
J'ai lu ces vers charmans où son âme respire ;
C'est l'Amour qui l'inspire,
Et l'inspire pour vous !
Pour vous aussi je veux être la même ;
Non, vous n'inspirez pas un sentiment léger :

Que ce soit d'amitié, d'amour, que l'on vous aime,
Le cœur qui vous aima ne peut jamais changer.

Laissez-moi ma mélancolie;
Je la préfère à l'ivresse d'un jour :
On peut rire avec la Folie,
Mais il n'est pas prudent de rire avec l'Amour.
Laissez-moi fuir un danger plein de charmes;
Ne m'offrez plus un cœur qui n'est qu'à vous :
Le badinage le plus doux
Finit quelquefois par des larmes....
Mais je n'ai rien perdu, la tranquille Amitié
Redeviendra bientôt le charme de ma vie;
Je renonce à l'amant, et je garde une amie;
C'est du bonheur la plus douce moitié.

A DÉLIE.

II.

Du goût des vers pourquoi me faire un crime ?
Leur prestige est si doux pour un cœur attristé !
Il ôte un poids au malheur qui m'opprime ;
Comme une erreur plus tendre, il a sa volupté.
Légère, libre encor, d'hommages entourée,
Dans les plaisirs coulent vos heureux jours ;
Et, paisiblement adorée,
Vous riez avec les Amours.
Ah ! loin de la troubler, qu'ils charment votre vie !
Que pour vous le printemps soit prodigue de fleurs !
Que tout prenne à vos yeux ses brillantes couleurs !
Riez, riez toujours, ô volage Délie !
Abandonnez vos nuits aux songes les plus doux !
Qu'ils soient de vos beaux jours une glace fidelle !
A force de bonheur soyez encor plus belle,
Et qu'au réveil l'Amour vous le dise à genoux !

Mais quoi ! si vous trouviez un rebelle à vos charmes,
Après mille sermens, s'il trahissait vos vœux,

La douce flamme de vos yeux
S'éteindrait bientôt dans les larmes.
Vous sentiriez alors le besoin de rêver,
De livrer au hasard votre marche incertaine,
De ralentir vos pas, au bruit d'une fontaine,
Et d'y pleurer les maux que je viens d'éprouver !
   N'enviez plus à votre amie
   Un plaisir aussi douloureux :
   Ravir la plainte aux malheureux,
   C'est leur dire : Quittez la vie !

Quand je vous vois disputer au miroir
De fraîcheur et de grâce avec les fleurs que j'aime,
Quand je vous y vois prendre en secret pour vous-même
   Tout le plaisir que l'on goûte à vous voir,
   M'entendez-vous, ô ma chère Délie,
   Vous reprocher un passe-temps si doux ?....
Non. Je deviens moins sombre en vous voyant jolie;
Je pardonne à l'Amour, je lui souris pour vous.
Mais si de la gaîté la parure est l'emblème,
Elle donne un éclat plus triste à la pâleur :
A la beauté brillante il faut un diadème;
   Il faut un voile à la douleur.

De ce lis embaumé, qui pour vous vient d'éclore,
   Couronnez votre front charmant ;

Mon front, que l'ennui décolore,
　Doit se pencher sans ornement.
Du sort qui m'enchantait la fatale inconstance
　De ma jeunesse a flétri l'espérance :
Un orage a courbé le rameau délicat ;
　Et mes vingt ans passeront sans éclat ;
　　Je les donne à la solitude ;
　　Je donne aux Muses mes loisirs.
　　L'art de plaire fait votre étude,
　　L'art d'aimer fera mes plaisirs ;
Mais non, je l'oublîrai cet art, ce don funeste,
Qui servit à l'Amour quand il forma mon cœur.
Non, ce présent des cieux ne fait pas le bonheur ;
　　C'est pourtant le seul qui me reste !
Le monde où vous régnez me repoussa toujours ;
Il méconnut mon âme à la fois douce et fière ;
Et d'un froid préjugé l'invincible barrière
Au froid isolement condamna mes beaux jours.
L'infortune m'ouvrit le temple de Thalie ;
L'espoir m'y prodigua ses riantes erreurs ;
　Mais je sentis parfois couler mes pleurs
　　Sous le bandeau de la Folie.
Dans ces jeux où l'esprit nous apprend à charmer,
　　Le cœur doit apprendre à se taire ;
　Et lorsque tout nous ordonne de plaire,
　　Tout nous défend d'aimer.

O des erreurs du monde inexplicable exemple !
Charmante Muse ! objet de mépris et d'amour,
    Le soir on vous honore au temple,
    Et l'on vous dédaigne au grand jour.

Je n'ai pu supporter ce bizarre mélange
    De triomphe et d'obscurité,
Où l'orgueil insultant nous punit et se venge
    D'un éclair de célébrité.
Trop sensible au mépris, de gloire peu jalouse,
Blessée au cœur d'un trait dont je ne puis guérir,
Sans prétendre aux doux noms et de mère et d'épouse,
    Il me faut donc mourir !
Mais vous, qui connaissez mon âme toujours pure,
Qui gémissez pour moi des caprices du sort,
Vous qui savez, hélas ! qu'en ma retraite obscure
    Il me poursuit encor ;
Faites grâce, du moins, à l'innocent délire
Qui m'apprend sans effort à moduler des vers ;
Seule, je suis pourtant moins seule avec ma lyre ;
    Quelqu'un m'entend, me plaint, dans l'univers.

A DÉLIE.

III.

Oui ! cette plainte échappe à ma douleur :
Je le sens, vous m'avez perdue !
Vous avez, malgré moi, disposé de mon cœur ;
Et ce cœur s'égara dès qu'il vous eut connue.
Ah ! que vous me faites haïr
Cette feinte amitié qui coûte tant de larmes !
Je n'étais point jalouse de vos charmes,
Cruelle ! de quoi donc vouliez-vous me punir ?
Vos succès me rendaient heureuse ;
Votre bonheur me tenait lieu du mien ;
Et quand je vous voyais attristée ou rêveuse,
Pour charmer votre ennui j'oubliais mon chagrin !
Mais ce perfide amant dont j'évitais l'empire,
Que vous avez instruit dans l'art de me séduire,
Qui trompa ma raison par des accens si doux....
Je le hais encor plus que vous !
Par quelle cruauté me l'avoir fait connaître ?
Par quel affreux orgueil voulut-il me charmer ?

Ah ! si l'ingrat ne peut aimer,
A quoi sert l'amour qu'il fait naître ?

Je l'ai prévu... j'ai voulu fuir ;
L'Amour jamais n'eut de moi que des larmes :
Vous avez ri de mes alarmes,
Et vous riez encor quand je me sens mourir...
Grâce à vous, j'ai perdu le repos de ma vie :
Votre imprudence a causé mon malheur ;
Et vous m'avez ravi jusques à la douceur
De pleurer avec mon amie !
Laissez-moi seule avec mon désespoir ;
Vous ne pouvez me plaindre ni m'entendre ;
Vous causez la douleur, sans même la comprendre ;
A quoi me servirait de vous la laisser voir ?
Victime d'un amant, par vous-même trahie,
J'abhorre l'Amitié... je la fuis sans retour ;
Et je vois, à sa perfidie,
Que l'ingrate est sœur de l'Amour !

~~~~~~

A DÉLIE.

IV.

Toi, dont jamais les larmes
N'ont terni la beauté,
Enveloppe tes charmes,
Enchaîne ta gaîté;
Que ta grâce divine,
Sous un voile de deuil,
S'abandonne et s'incline
Sur le bord d'un cercueil !

Quitte cette guirlande
Qui pare tes attraits;
Laisse-la pour offrande
A ce jeune cyprès.
C'est ici le mélange
Des roses et des pleurs;
C'est l'asile d'un ange...
Qu'il dorme sous des fleurs !

Vois-tu sous l'herbe tendre
Ce précieux tombeau ?
Là mon cœur vient attendre
Qu'on en creuse un nouveau.
Oui, mon fils !... l'arbre sombre
Qui se penche vers toi,
En te gardant son ombre,
Croîtra bientôt sur moi !

Toi, dont jamais les larmes
N'ont terni la beauté,
Ne voile plus tes charmes,
Rappelle ta gaîté....
Adieu, belle Délie !
Je te rends au plaisir ;
Retourne vers la vie,
Et laisse-moi mourir !

~~~~~~

LE MIROIR.

Comme un enfant cruel tourmente la douceur
  De l'agneau craintif qu'il enchaîne,
Amour, je t'ai vu rire à l'accent de ma peine :
J'en ai pleuré... pour toi, de honte et de douleur !
Mais l'agneau gémissant rêve au joug qui l'opprime ;
Il le brise en silence, et retourne au vallon :
Adieu, méchant Amour, dont je fus la victime !
Adieu ! le pauvre agneau m'a rendu la raison !
Joyeux et bondissant des vallons aux prairies,
  Dégagé de l'anneau de fer
Qui le blessa long-temps sous des chaînes fleuries,
Il voit l'herbe plus verte et le ruisseau plus clair.
Ma fierté languissante est enfin éveillée ;
Je repousse en fuyant tes amères faveurs ;
  Et, sous ta guirlande effeuillée,
  J'ai brisé tes fers imposteurs !

Ne viens pas me troubler, Amour, je suis heureuse ;
Je ne sens plus le poids d'un lien détesté ;
Mais quoi ! sa fraîche empreinte est encor douloureuse...

Ah ! laisse un long repos au cœur qui l'a porté !
Va rendre ce lien à l'ingrat que j'oublie !
C'est à toi d'obéir ; tu n'es plus mon vainqueur ;
Tu ne l'es plus ! — Mes chants, ma liberté, ma vie,
    J'ai tout repris, avec mon cœur !
Qu'il promène le sien sur tes ailes légères !
Je le verrai sans trouble ; il n'est plus rien pour moi !
Je ne l'attendrai plus aux fêtes bocagères ;
A peine il me souvient qu'il y surprit ma foi.
Je l'ai fui tout un jour sans répandre des larmes;
Tout un jour ! ah ! pour lui je n'ai donc plus de pleurs !
Je souris au miroir en essayant des fleurs ;
Et le miroir m'apprend qu'un sourire a des charmes.
Comme le lin des champs flotte au gré des zéphyrs,
    J'abandonne ma chevelure,
    Qui va flotter à l'aventure
    Ainsi que mes nouveaux désirs.
Oui, l'air qui m'environne, épuré par l'orage,
Me rendra, comme aux fleurs, l'éclat et la beauté ;
    Et bientôt mon sort, sans nuage,
    Sera beau comme un jour d'été !...
Mais non ! je ne veux point de fleurs dans ma parure ;
    Ce qu'il aimait ne doit plus m'embellir.
Cachons-les avec soin ; s'il venait, le parjure,
Il croirait que pour lui j'ai daigné les cueillir.
S'il venait... qu'ai-je dit ?... quoi ! son audace extrême

Le ramènerait-elle où mon courroux l'attend ?
Pourrait-il s'arracher à ce monde qu'il aime,
A ce juge léger qui flatte un inconstant ?....

Au fond de mon miroir je vois errer son ombre ;
Une femme le cherché !... elle attend son regard ;
Il l'aperçoit lui-même... il l'aborde, il fait sombre,
Il soupire.... Ah ! perfide ! est-ce encor le hasard ?
Quelle est cette inconnue ?..Oh ! comme il est près d'elle !
Comme il lui peint l'ardeur qn'il feignit avec moi !
      Il ne feint plus ! — Elle est si belle !...
Va les unir, Amour ! ils n'attendent que toi !

Je garde mes bouquets. — Ma parure est finie :
Ma parure !... et pour qui tant de soins superflus ?
Ces beaux lieux sont voilés, cette glace est ternie,
      Et le miroir ne sourit plus !

LE SOUVENIR.

A MONSIEUR ***.

Votre main bienfaisante et sûre
A fermé plus d'une blessure.
Partout votre art consolateur
Semble porter la vie, et chasser la douleur.
Hélas ! il en est une à vos secours rebelle,
Et je dois mourir avec elle.
Je n'ai pas d'autre mal ; mais il fera mon sort.
Jugez si ce mal est extrême !
Je le crois, pour votre art lui-même,
Plus invincible que la mort.
Son empire est au cœur ; ses tourmens sont à l'âme ;
Ses effets sont des pleurs ; sa cause est une flamme
Qui dévore en secret l'espoir de l'avenir ;
Et ce mal.... est un souvenir.

LA DOULEUR.

Sombre douleur, dégoût du monde,
Fruit amer de l'adversité,
Où l'âme anéantie, en sa chute profonde,
Rêve à peine à l'éternité !
Soulève ton poids qui m'opprime,
Dieu l'ordonne... un moment laisse-moi respirer !
Ah ! si le désespoir à ses yeux est un crime,
Laisse-moi donc la force d'espérer !

Si dès mes jeunes ans j'ai repoussé la vie ;
Si la mélancolie enveloppa mes jours ;
Si l'Amitié, la Gloire, les Amours,
Ont attristé mon âme à leur culte asservie ;
Si déjà mon printemps n'est qu'un froid souvenir ;
Si la Mort sur l'objet que ma douleur célèbre
A baissé son rideau funèbre,
Laisse-moi vivre au moins dans un autre avenir !

Et si pendant cinq ans cet objet adorable
De mes jours languissans ranima le flambeau ;

Si sa beauté, si sa grâce ineffable
Est aujourd'hui la proie et l'orgueil du tombeau ;
Laisse-moi respirer, désespoir d'une mère !
Dieu l'ordonne, Dieu parle à mon cœur éperdu.
« Suis mon arrêt, dit-il, reste encor sur la terre ! »
S'il ne venait de Dieu, serait-il entendu ?...

Mais vers l'éternité quand mon âme brûlante
S'envolera, baignée encor de pleurs,
Délivrée à jamais d'une chaîne accablante,
Je reverrai mon fils !... quel prix de mes douleurs !
Eternité consolante et terrible !
Pour le méchant, c'est l'enfer ! c'est son cœur !
Mais pour l'être innocent, malheureux et sensible,
C'est le repos ! c'est le bonheur !....

O Dieu ! quand de mon fils sonna l'heure suprême,
Un doute affreux ne m'a pas fait frémir !
Non, cet être charmant, au sein de la mort même,
N'a fait que s'endormir.
O tendresse ! ô douleur ! ô sublime mélange !
Ses yeux remplis d'amour se ferment sur mes yeux ;
Je m'attache à son corps.... Ce n'était plus qu'un ange
Qui s'envolait aux cieux !

LES REGRETS.

J'ai tout perdu ! mon enfant par la mort,
Et.... dans quel temps ! mon ami par l'absence.
Je n'ose dire, hélas ! par l'inconstance ;
Ce doute est le seul bien que m'ait laissé le sort !

Mais cet enfant, cet orgueil de mon âme,
Je ne le devrai plus qu'aux erreurs du sommeil.
De ses beaux yeux j'ai vu mourir la flamme,
Fermés par le repos qui n'a point de réveil.

Comme échappé du ciel, il passa dans le monde ;
D'un ange il y montra la forme et les attraits ;
Pour payer ce moment de douceur sans seconde,
Mes pleurs devaient couler pour ne tarir jamais !

Petit enfant, doux trésor d'une mère,
Gage adoré de mes tristes amours,
Tes beaux yeux, en s'ouvrant un jour à la lumière,
Ont condamné les miens à te pleurer toujours !

A mes transports tu venais de sourire ;
Mes bras, tremblans de joie, entouraient ton berceau ;
Le sommeil me surprit dans cet heureux délire....
    Je m'éveillai sur un tombeau !

    Moment affreux dont je suis obsédée !
    Pour vous tracer je n'ai force ni voix !...
Mon Dieu ! faut-il le perdre, à toute heure, en idée ?
Mon Dieu ! pour en mourir c'est assez d'une fois !

C'est ici, sous ces fleurs, qu'il m'attend, qu'il repose !
C'est ici que mon cœur se consume avec lui...
Amour ! plains-tu les maux où ton délire expose ?
Non ! tu nous fuis, ingrat, quand le bonheur a fui !

Courez, petit enfant, vous jeter dans son sein!
Ce jour est sans nuage.... ah! passez-le près d'elle!
Un beau soir a souvent un affreux lendemain!....

LES DEUX MÈRES.

N'approchez pas d'une mère affligée,
Petit enfant; je ne sourirai plus.
Vos jeux naïfs, vos soins, sont superflus,
Et ma douleur n'en sera pas changée.
Laissez-moi seule à l'ennui de mon sort;
Quand la vie à vos yeux s'ouvre avec tous ses charmes,
   Petit enfant, plaindriez-vous mes larmes?
     Vous ne comprenez pas la mort.
  La mort!... ce mot, qui glace l'espérance,
   Ne touche pas votre heureuse ignorance.
Ici le malheureux cherche un autre avenir :
Hélas! ne chantez pas lorsque j'y viens mourir!
De ces noirs arbrisseaux l'immobile feuillage,
Des pieuses douleurs les simples monumens,
    D'un champ vaste, morne et sauvage,
    Sont les seuls ornemens.
L'écho de cette enceinte est une plainte amère.
Qu'y venez-vous chercher?... Courez vers votre mère;
Portez-lui votre amour, vos baisers et vos fleurs;
Ces trésors sont pour elle, et pour moi sont les pleurs.

Sur l'autre rive elle s'est arrêtée ;
Abandonnez vos fleurs au courant du ruisseau;
   Doucement entraîné par l'eau,
Qu'un bouquet vous annonce à son âme enchantée !
Vous la verrez sourire, en attirant des yeux
Ce don simple apporté par le flot du rivage;
Pensive, et caressant votre riante image,
   Tressaillir à vos cris joyeux.

Je l'aurais vue, au temps où j'excitais l'envie,
Même en vous caressant, rêver à mon bonheur...
Cette suave joie, où se plongeait mon cœur,
N'est plus qu'un poison lent distillé sur ma vie.
Mon triomphe est passé , le sien croît avec vous;
C'est à moi de rêver à son bonheur suprême ;
Elle est mère, et je pleure... ô sentiment jaloux !
On peut donc vous connaître au sein de la mort même !
Mais pour un cœur flétri les pleurs sont un bienfait;
Le mien a respiré du poids qui l'étouffait.
Celui de votre mère en tremblant vous appelle;
Courez, petit enfant, vous jeter dans son sein.
Ce jour est sans nuage; oh ! passez-le près d'elle :
Un beau jour a souvent un affreux lendemain !....
Ne foulez plus cette herbe où se cache une tombe;
D'un ange vous troublez le tranquille sommeil ;
   Dieu ne m'a promis son réveil,

Qu'en arrachant mon âme à mon corps qui succombe.
Dans cet enclos désert, dans ce triste jardin,
Tout semble m'annoncer ce repos que j'implore,
Et, sous un froid cyprès, mon sang, qui brûle encore,
   Sera calme demain.

  O douce plante ensevelie,
Sur un sol immortel tes rameaux gracieux
  Couvriront ma mélancolie
  D'un ombrage délicieux.
  Ta tige élevée et superbe
  Ne craindra plus le ver rongeur
  Qui veut la dévorer sous l'herbe,
  Comme il a dévoré ta fleur.
  Cette fleur, au temps échappée,
  D'un rayon pur enveloppée,
  Reprendra toute sa beauté ;
  Son doux éclat fera ma gloire ;
  Et le tourment de ma mémoire
  En sera la félicité !.....

Mais la voix d'un enfant trouble encor ma prière,
Et m'arrache au bonheur que je viens d'entrevoir :
Tout à coup ramenée aux songes de la terre,
  J'ai tressailli !... j'ai cru le voir !
Oui, j'ai cru te revoir, idole de mon âme !

Lorsqu'avec tant d'amour tu t'élançais vers moi :
D'un flambeau consumé rallume-t-on la flamme?
Non ! sa clarté trop vive est éteinte avec toi...

Et vous qui m'attristez, vous n'avez en partage
Sa beauté, ni la grâce où brillait sa candeur ;
Oh ! non, petit enfant ! mais vous avez son âge ;
C'en est assez pour déchirer mon cœur !

LE SOMMEIL DE JULIEN.

C'était l'hiver, et la nature entière
Portait son deuil, et redoublait le mien ;
Je regagnais à pas lents ma chaumière,
Les yeux fixés sur celle de Julien !

Un voile noir s'étendit sur la plaine ;
Un triste écho fit aboyer mon chien ;
Le vent soufflait, et sa plaintive haleine
Disait aux bois : Julien ! pauvre Julien !

Sur mon chemin je vis la lune errante ;
Qu'elle était sombre en parcourant le sien !
Je contemplai cette clarté mourante,
Moins triste, hélas ! que les yeux de Julien !

Je m'endormis, de tant d'objets lassée ;
Le ciel s'ouvrit !... et je n'entendis rien ;
Mais tout à coup la cloche balancée
Me réveilla... sans réveiller Julien.

7

Quand j'abordai sa sœur silencieuse ,
Sa main me dit : « Il repose ! il est bien !... »
Je voulus voir... Une larme pieuse
M'apprit le nom du sommeil de Julien.

LA JEUNE ÉPOUSE.

« Que je suis heureuse avec toi !
Que mon âme est contente, et que ma vie est pure !
Ainsi coule un ruisseau sous le ciel qui l'azure ;
Ainsi devrait couler le règne d'un bon roi.
Je voudrais en voir un ! je voudrais... Mais qu'importe ?
Ce n'est pas aux bergers d'en approcher jamais.
Aux champs, du Roi des rois nous sentons les bienfaits ;
Les autres n'y vont pas ; le torrent les emporte ;
Il m'effraie. — Ah ! laissons le cours de nos beaux ans
Se perdre sans éclat dans une paix profonde !
    Tu crains le bruit, je crains le monde ;
Et l'écho me déplaît s'il n'a tes doux accens !
Mais que j'aime à l'entendre au loin dans la prairie,
Dès qu'il vient m'annoncer le déclin d'un beau jour,
Qu'il m'apporte ces mots avec ta voix chérie :
    Voici la nuit ! voici l'Amour !
Au-devant de tes pas je me jette dans l'ombre ;
Je demeure attachée à tes bras caressans ;
    Et, dans nos transports ravissans,
Je ne sais s'il fait jour, s'il est tard, s'il fait sombre :

Il fait beau ! tout est calme, et je vois dans ton cœur ;
Je sens que ton regard est plongé dans mon âme ;,
Mes soupirs l'ont mêlée à ton souffle de flamme,
Et nous avons tous deux exprimé le bonheur.
Le bonheur !... Quand le ciel nous en donna le gage,
Le ciel en avait fait ton portrait gracieux ;
Mais, comme un jeune oiseau s'envole avant l'orage,
L'Ange, avant de souffrir, retourna dans les cieux ! »

Voilà comment parlait une bergère,
Heureuse épouse, et malheureuse mère !
Son plus doux rêve est, dit-elle, un miroir
Où chaque nuit un Ange vient se voir.
Du jeune époux l'espérance craintive
Confie à Dieu sa prière naïve ;
Et le baiser du soir, qui charme les douleurs,
Unit leur âme, et s'éteint dans les pleurs.

LES DEUX BERGÈRES.

DORIS.

Que fais-tu, pauvre Hélène, au bord de ce ruisseau ?

HÉLÈNE.

Je regarde ma vie, en voyant couler l'eau.
Son cours languit, Doris, il n'aime plus la rive ;
Dans nos champs qu'il arrose il roule quelque ennui :
Ecoute ! il porte au bois sa musique plaintive ;
Et je voudrais au bois me plaindre comme lui.

DORIS.

De quoi te plaindrais-tu ?

HÉLÈNE.

              Je ne saurais le dire.
Ce ruisseau paraît calme, et pourtant il soupire.
On ne sait trop s'il fuit... s'il cherche... s'il attend...
Mais il est malheureux, puisque mon cœur l'entend !

DORIS.

Tu rêves ! son cristal est pur, vif et limpide ;
On le dirait joyeux de caresser des fleurs.

HÉLÈNE.

Pour moi, j'y reconnais une douleur timide :

Souvent dans un sourire on devine des pleurs.

Toi qui chantes toujours, tu ne peux le comprendre.

Ma voix n'a plus d'essor, et j'ai le temps d'apprendre

Qu'un chagrin se révèle en soupirant tout bas.

Si je pouvais chanter, je ne l'entendrais pas !

DORIS.

S'il parle, il dit au bois que nous sommes jolies ;

Que s'il a ralenti son cours précipité,

C'est qu'il croit voir en toi les Grâces recueillies ;

Et qu'il prend du plaisir à doubler ma beauté.

Voilà (je te dis tout), ce qu'un berger m'assure ;

Sa parole est sincère, et, pour preuve, il le jure.

HÉLÈNE.

Il le jure !... ah ! prends garde ! et si tu veux bien voir,

Doris ! ne choisis pas un flatteur pour miroir.

DORIS.

Si tu savais son nom, tu serais bien honteuse !

HÉLÈNE.

Bergère, il est berger ; sa parole est douteuse.

DORIS.

Il m'a dit qu'au rivage il tracerait, un jour,

Pour l'orgueil du ruisseau, mon chiffre et son amour.

HÉLÈNE.

L'Amour aime à tracer les sermens sur le sable ;

Un coup de vent répond de sa fidélité ;

D'une plume légère il compose une fable ;

Ses flèches dans nos cœurs gravent la vérité.

DORIS.

Oh ! les tristes leçons ! Du ruisseau qui les donne
Troublons les flots jaloux ; qu'ils n'affligent personne.

HÉLÈNE.

Tu peux troubler ses flots, mais non pas les tarir.
Quand les jours sont moins purs, cessent-ils de courir ?
La pierre d'un long cercle a ridé sa surface ;
Elle tombe ; l'eau roule ; et le cercle s'efface.

DORIS.

O ma chère compagne, en est-il des beaux jours
Comme de ce tableau ?

HÉLÈNE.

C'est celui des Amours !

DORIS.

Mais par une amoureuse et touchante aventure,
Lorsque tu le crois seul, errant et malheureux,
Il trouve un filet d'eau caché sous la verdure,
Et l'emporte gaîment dans son sein amoureux.

HÉLÈNE.

Mais il arrive à peine au fond de la vallée,
Surpris par le torrent qui l'entraîne à son tour,
Il y jette en tribut son onde désolée ;
Et les ruisseaux amans s'y perdent sans retour.

DORIS.

Eh bien ! je n'irai pas jusqu'au torrent, bergère,
Donner à leur destin d'inutiles soupirs :

J'irai me regarder à la source légère
Qui se livre, naissante, au souffle des zéphyrs
Sur ses rives, de mousse et de roseaux parées,
Le soir, je conduirai mes brebis altérées.
Ainsi, dans l'eau, qui change au caprice des vents,
Tu verras tes ennuis, je verrai mes beaux ans.

HÉLÈNE.

Oh ! n'abandonne pas nos tranquilles demeures !
Laisse y couler en paix tes innocentes heures.
Ne donne ni tes pas ni tes vœux au hasard !
On se hâte ! on s'arrête ! on tremble !... il est trop tard.
Enfin (je te dis tout), apprends que, vers la source,
La terre est sans verdure, et l'été sans chaleur ;
Oh ! que le triste objet qui ralentit sa course,
Etend sur son voyage une sombre couleur !
Evite le sentier trop voisin de son onde ;
Il égare... il conduit loin ! bien loin du hameau,
Dans le creux d'une roche isolée et profonde,
Où l'eau, comme des pleurs, coule auprès d'un tombeau.
Un cœur tendre s'y cache au jour qu'il semble craindre;
Il n'a que ce ruisseau pour l'entendre et le plaindre ;
Ce qu'il va murmurant est l'écho d'un regret...
Mais, si je l'ai trahi, garde-moi son secret !

LA JÒURNÉE PERDUE.

Me voici !... je respire à peine !
Une feuille m'intimidait ;
Le bruit du ruisseau m'alarmait !
Je te vois ! je n'ai plus d'haleine.
Attends... je croyais aujourd'hui
Ne pouvoir respirer auprès de ce que j'aime.
Je me sentais mourir en ce tourment extrême,
De ta peine et de mon ennui !
Quoi ! je cherche ta main , et tu n'oses sourire !
Ton regard me pénètre, et semble m'accuser !
Je te pardonne , ingrat ! tout ce qu'il semble dire ;
Mais laisse-moi du moins le temps de m'excuser.
J'ai vu nos moissonneurs réunis sous l'ombrage ;
Ils chantaient... mais pas un ne dit bien ta chanson !
Ma mère, lasse enfin de veiller la moisson,
Dormait. Je voyais tout, les yeux sur mon ouvrage.
Alors , en retenant le souffle de mon cœur
Qui battait sous ma collerette,
Je fuyais dans les blés ainsi qu'une fauvette,
Quand on l'appelle , ou qu'elle a peur !

Je suivais, en courant, ton image chérie
    Qui m'attirait, souriait comme toi !
      Mais aux travaux de la prairie
Les malins moissonneurs m'enchaînaient malgré moi.
L'un m'appelait si haut, qu'il éveillait ma mère ;
Je revenais confuse, en cueillant des pavots ;
Et, caressant ses yeux de leur fraîcheur légère,
Je grondais le méchant qui troublait son repos.
Hélas ! j'aurais voulu m'endormir auprès d'elle ;
    Mais je ne dors jamais le jour.
La nuit même, la nuit me paraît éternelle,
Et j'aime mieux te voir que de rêver d'amour.
Que mon cœur est changé ! comme il était tranquille !
    Je le sentais à peine respirer.
Ah ! quand il ne fait plus que battre et soupirer,
L'heure qui nous sépare, au temps est inutile !
En voyant le soleil encor si loin du soir,
Je me disais : Mon Dieu ! que ma mère est heureuse !
Le repos la surprend dès qu'elle peut s'asseoir ;
    Ma mère n'est pas amoureuse !
Et je fermais les yeux pour rêver le bonheur ;
Et mes yeux te voyaient couché dans ce bois sombre ;
    Et, quand tu gémissais à l'ombre,
    Le soleil me brûlait le cœur !
De ce bois où mon âme était toute attachée,
    Deux fois j'ai vu sortir ton chien ;

Par ton ordre peut-être il appelait le mien ;
Le mien n'osait répondre , et j'en étais touchée !
Pauvres chiens ! vieux amis ! frères du même jour,
Comme en vous revoyant votre joie est paisible !
Olivier ! l'amitié n'a donc rien de pénible?
Ils sont donc plus heureux ?... mais ils n'ont pas d'amour·
Olivier , voudrais-tu ?... Que ton sourire est tendre !
L'amitié n'est pas là !... Je ne puis plus parler...
Dis-moi... que disions-nous ?.. Oh ! comment rappeler
     Tout ce qu'il me reste à t'apprendre?

Regarde ! ce matin j'avais tressé ces fleurs ;
Mais quoi ! tout a langui des feux de la journée ;
    Et la couronne à l'Amour destinée
      N'a servi qu'à voiler mes pleurs.
Je pleurais !... c'est que l'heure, à présent si légère,
      Dormait comme ma mère !
Enfin le jour se cache et me prend en pitié ;
Enfin l'agneau bêlant quitte le pâturage ;
Ma mère sans me voir est rentrée au village ;
Et déjà ma promesse est remplie à moitié.
Je te vois ! je te parle ! et je te donne encore
Ce bouquet dont l'éclat s'est perdu sur mon sein ;
     Demande-lui si je t'adore ?
Moi , j'accours seulement pour te dire : A demain !

ROMANCES.

ROMANCES.

CLÉMENTINE.

IMITATION DE RICHARDSON.

Distraite et malheureuse,
Sur un bouquet de fleurs
Une fille rêveuse
Laissait tomber des pleurs ;
Un timide sourire
Dans ses pleurs se glissa ;
Mais un triste délire
A son tour l'effaça.

« Au sein de Clémentine,
« Brûlé d'un fol amour,
« Douce fleur d'Églantine,
« Tu n'as brillé qu'un jour !
« Ta courte destinée
« Vient m'annoncer mon sort :
« Un seul jour dans l'année,
« Pour l'Amour et la Mort !

« Vers la froide Angleterre
« Quand le bonheur fuira,
« Toutes deux sur la terre
« On nous retrouvera;
« Symbole de souffrance,
« Et gage de pardon,
« Meurs avec l'imprudence
« Qui troubla ma raison !

« Adieu, mère chérie !
« Le ciel a vu vos pleurs ;
« Je suis calme et guérie ;
« Couronnez-moi de fleurs !
« Des anges en prière
« J'entends les chants pieux ;
« Leur voix pure et légère
« M'appelle dans les cieux. »

Du monastère antique
C'étaient les saints concerts :
L'orgue mélancolique
Gémissait dans les airs.
A la mort résignée,
La vierge y vint un jour...
L'Ange de l'hyménée
La rendit à l'Amour.

A UN TROMPEUR.

Tes mépris, ton inconstance,
Ne feront plus ma douleur ;
A ta trompeuse éloquence
L'Amour a fermé mon cœur;
Un soupir, un regard tendre,
Avaient pour moi plus d'appas;
Et je savais mieux t'entendre
Quand tu ne me parlais pas.

Lorsque ta paupière humide
Sur mes yeux vint s'adoucir;
Quand ta bouche, encor timide,
Trahit ton premier soupir;
Je frémis comme la feuille
Que caresse le zéphyr,
Et qui doucement recueille
Le baiser qu'il semble offrir.

8

Quand tu peignais la tendresse,
L'amour, la crainte ou l'espoir,
De plaisir ou de tristesse
Je me sentais émouvoir;
Et ces accens pleins de flamme,
Par un prestige enchanteur,
Semblaient sortir de ton âme
Pour se graver dans mon cœur.

Mais que cette âme insensible
M'échappe enfin sans retour !
La mienne est déjà paisible;
Elle attend un autre amour....
Que dis-je ? ah ! s'il faut te craindre,
Sauras-tu moins me charmer ?
Non ! Je veux apprendre à feindre,
Et je n'apprends qu'à t'aimer.

LE SOIR.

En vain l'Aurore,
Qui se colore,
Annonce un jour
Fait pour l'Amour ;
De ta pensée
Tout oppressée,
Pour te revoir,
J'attends le soir.

L'Aurore en fuite
Laisse à sa suite
Un soleil pur,
Un ciel d'azur.
L'Amour s'éveille ;
Pour lui je veille ;
Et, pour te voir,
J'attends le soir.

Heure charmante,
Soyez moins lente !
Avancez-vous,
Moment si doux !
Une journée
Est une année,
Quand, pour te voir,
J'attends le soir.

Un voile sombre
Ramène l'ombre;
Un doux repos
Suit les travaux.
Mon sein palpite;
Mon cœur me quitte....
Je vais te voir;
Voilà le soir !

~~~~~~

DORS, MA MÈRE.

O ma vie !
Sans envie
J'ai vu le palais du Roi.
Ma chaumière
M'est plus chère
Quand j'y suis seule avec toi.

Au village
Le jeune âge
N'est heureux que par l'Amour ;
Fuis la ville ;
Trop facile,
Tu m'oublîrais à la cour.

Reviens vite !
Tout m'agite.
Eh quoi ! je suis seule encor ?
Viens, mon âme,
De ma flamme
Partager le doux transport !

L'heure sonne,
Je frissonne....
Voici l'instant du retour !
Moins sévère,
Dors, ma mère !
Et laisse veiller l'Amour !

LE BOUQUET.

Non, tu n'auras pas mon bouquet.
Traite-moi de capricieuse,
De volage, d'ambitieuse,
D'esprit léger, vain ou coquet ;
Non, tu n'auras pas mon bouquet.

Comme l'incarnat du plaisir,
On dit qu'il sied à ma figure :
Veux-tu de ma simple parure
Oter ce qui peut m'embellir
Comme l'incarnat du plaisir ?

Je veux le garder sur mon cœur ;
Il est aussi pur que mon âme ;
Un soupir, un souffle de flamme
En pourrait ternir la fraîcheur...
Je veux le garder sur mon cœur.

Non, non, point de bouquet pour toi !
L'éclat de la rose est trop tendre ;
Demain tu pourrais me la rendre.
Demain... qu'en ferais-je? dis-moi.
Non, non, point de bouquet pour toi !

L'AVEU PERMIS.

VIENS, mon cher Olivier, j'ai deux mots à te dire ;
Ma mère l'a permis ! ils te rendront joyeux...
Eh bien ! je n'ose plus ! mais, dis-moi, sais-tu lire ?
Ma mère l'a permis, regarde dans mes yeux.

Voilà mes yeux baissés. Dieu ! que je suis confuse !
Mon visage a rougi ; vois-tu, c'est la pudeur.
Ma mère l'a permis , ce sera ton excuse ;
Pendant que je rougis, mets ta main sur mon cœur !

Que ton air inquiet me tourmente et me touche !
Ces deux mots sont si doux ! mon cœur les dit si bien !
Tu ne les entends pas !..Prends-les donc sur ma bouche !
Je fermerai les yeux , prends, mais ne m'en dis rien !

LE PORTRAIT.

Petit portrait, tourment de mon désir,
Muet Amour, si loin de ton modèle !
 Ombre imparfaite du plaisir,
 Tu seras pourtant plus fidèle !

De ta froideur je me plains aujourd'hui ;
Mais si jamais il cesse de m'entendre,
 A toi je me plaindrai de lui,
 Et tu me paraîtras plus tendre.

Si tu n'as pas, pour aller à mon cœur,
Son œil brûlant et son parler de flamme,
 Par un accent doux et trompeur
 Tu n'égareras pas mon âme.

Sans trouble à toi je livre mon secret.
S'il était là, je fuirais vite, vite !
 Je suis seule... Ah ! petit portrait,
 Que n'es-tu celui que j'évite !

LE SERMENT.

Idole de ma vie !
Mon tourment ! mon plaisir !
Dis-moi si ton envie
S'accorde à mon désir ?
Comme je t'aime en mes beaux jours,
Je veux t'aimer toujours.

Donne-moi l'espérance ;
Je te l'offre en retour.
Apprends-moi la constance ;
Je t'apprendrai l'amour.
Comme je t'aime en mes beaux jours,
Je veux t'aimer toujours.

Sois d'un cœur qui t'adore
L'unique souvenir ;
Je te promets encore
Ce que j'ai d'avenir.
Comme je t'aime en mes beaux jours,
Je veux t'aimer toujours.

Vers ton âme attirée
Par le plus doux transport,
Sur ta bouche adorée
Laisse-moi dire encor :
Comme je t'aime en mes beaux jours,
Je veux t'aimer toujours.

~~~~~~

LE BILLET.

Quand je t'écris à l'ombre du mystère,
Je crois te voir, et te parler tout bas;
Mais, je l'avoue, en ce lieu solitaire
Tout èst tranquille, et mon cœur ne l'est pas
     Quand je t'écris.

En vain j'écris : quand l'âme est oppressée,
Le temps s'arrête; il n'a plus d'avenir !
Non, loin de toi, je n'ai qu'une pensée;
Et mon bonheur n'est plus qu'un souvenir :
     En vain j'écris.

Si tu m'écris, je vais t'attendre encore;
Mais si ton cœur n'est plus tel qu'autrefois,
Fais que toujours, fais que le mien l'ignore !
S'il est constant, dis un mot; je le crois,
     Si tu l'écris !

LE RÉVEIL.

On sonne, on sonne, on sonne encore :
C'est lui !... Dieu ! qu'il m'a fait souffrir !
Mais il revient, mais je l'adore,
Eveillez-vous, courez ouvrir !

Embellis-toi, sombre retraite
Où si souvent il me trouva !
Il va venir... Mon sang s'arrête,
Il tarde encor... Mon cœur s'en va !

Je n'y vois plus... Le ciel se couvre ;
Soulève-toi, nuage épais !
J'étends les bras, mon œil s'entr'ouvre.
Dieu ! c'est un songe ! et je dormais.

LES TROIS HEURES DU JOUR.

Comme un bouton, près d'éclore,
D'un seul regard de l'Aurore
Attend le bienfait du jour;
Dans l'âge de l'innocence,
Séduite par l'Espérance,
J'attendais tout de l'Amour.

Comme la fleur imprudente
Se plaît à suivre la pente
Qui l'expose aux feux du jour;
Je m'abandonnai, sans guide,
Au penchant non moins rapide
Qui m'entraînait vers l'Amour !

Comme la fleur desséchée,
Pâle et tristement penchée,
S'effeuille au déclin du jour;
Mon soir touche à ma naissance,
Et je pleure l'Espérance,
Qui s'envole avec l'Amour !

~~~~~~

C'EST TOI.

CE n'est pas une vague et trompeuse espérance
    Que je doïs au sommeil ;
C'est un charme animé, c'est ta douce présence,
    Qui m'échappe au réveil !

Ton image m'attend ; quand je clos la paupière,
    Elle vient me saisir ;
Et l'Amour à ton âme unit mon âme entière
    Par le même désir.

Je sens battre ton cœur sur mon cœur qui palpite.
    Le ciel s'ouvre pour moi !
Non, ce n'est plus l'espoir qui me trouble et m'agite,
    C'est le bonheur !... c'est toi !

~~~~~~

REPRENDS TON BIEN.

Quand l'Amitié tremblante
T'abandonna mon sort ;
Quand ta main bienfaisante
Me sauva de la mort ;
Pour la reconnaissance
    Je pris l'amour ;
Et moins que ta présence
    J'aimai le jour !

Mais ma timide flamme
Fait naître ta pitié.
Est-ce assez pour mon âme
D'une froide amitié ?
Vainement l'espérance
    M'a su guérir,
Si ton indifférence
    Me fait mourir !

9

Contre un sort invincible
Je ne veux plus m'armer ;
Viens me rendre insensible,
Si tu ne peux m'aimer.
De mon âme asservie
   Romps le lien ;
En reprenant ma vie,
   Reprends ton bien !

~~~~~~

A LA POÉSIE.

O DOUCE Poésie !
Couvre de quelques fleurs
La triste fantaisie
Qui fait couler mes pleurs.
Trompe mon âme tendre,
Que l'on blessa toujours !
Je ne veux plus attendre
Mes plaisirs des Amours.

Donne aux vers de ma lyre
Une aimable couleur,
Ta grâce à mon délire,
Ton charme à ma douleur.
Que le nuage sombre
Qui voile mes destins,
S'échappe comme une ombre,
A tes accens divins !

Sois toujours attentive
Sur mes chants douloureux ;
D'une pudeur craintive
Enveloppe mes vœux ;
Cache l'erreur brûlante
Qui trouble mon bonheur....
Mais, ô Dieu ! qu'elle est lente
A sortir de mon cœur !

LE PARDON.

Je me meurs , je succombe au destin qui m'accable ;
De ce dernier moment veux-tu charmer l'horreur ,
Viens encore une fois presser ta main coupable
      Sur mon cœur.

Quand il aura cessé de brûler et d'attendre ,
Tu ne sentiras pas de remords superflus ;
Mais tu diras : Ce cœur, qui pour moi fut si tendre ,
      N'aime plus !

Vois l'Amour qui s'enfuit de mon âme blessée !
Contemple ton ouvrage , et ne sens nul effroi !
La mort est dans mon sein... Pourtant je suis glacée
      Moins que toi !

Prends ce cœur, prends ton bien ! l'amante qui t'adore
N'eut jamais à t'offrir , hélas ! un autre don ;
Mais en le déchirant, tu peux y lire encore
      Ton pardon !

~~~~~~

LE SOUVENIR.

O délire d'une heure auprès de lui passée,
    Reste dans ma pensée !
Par toi tout le bonheur que m'offre l'avenir
    Est dans mon souvenir.

Je ne m'expose plus à le voir, à l'entendre,
    Je n'ose plus l'attendre !
Et si je puis encor supporter l'avenir,
    C'est par le souvenir.

Le temps ne viendra pas pour guérir ma souffrance !
    Je n'ai plus d'espérance !
Mais je ne voudrais pas, pour tout mon avenir,
    Perdre le souvenir !

~~~~~~

L'ESPÉRANCE.

Comme une vaine erreur,
Comme un riant mensonge ,
S'évanouit le songe
Qui faisait mon bonheur.
  O douce chimère !
Si tu fuis sans retour ,
Dans ta course légère ,
Emporte mon amour !

Ce tendre sentiment,
Cette aimable folie ,
Ce charme de ma vie,
Sans toi n'est qu'un tourment.
  O douce chimère !
Si tu fuis sans retour,
Dans ta course légère ,
Emporte mon amour !

Déjà pour me punir
D'avoir été trop tendre,
Je consens à te rendre
Un si cher souvenir.
O douce chimère !
Si tu fuis sans retour,
Dans ta course légère,
Emporte mon amour !

Que voulez-vous de moi,
Raison trop inflexible ? -
Tourment d'un cœur sensible,
Je cède à votre loi !....
O douce chimère !
Si tu fuis sans retour,
Dans ta course légère,
Emporte mon amour !

~~~~~~

A LA SEINE.

Rive enchantée,
Berceau de mes amours;
Onde argentée,
Image des beaux jours;
Que ton cours est limpide !
Que ta fuite est rapide !
Ah ! pour mon cœur,
C'est l'adieu du bonheur.

Déjà ma lyre
Gémit dans les roseaux;
Et mon délire
A fait frémir tes eaux.
La naïade plaintive
Se penche sur la rive
Pour m'écouter,
Me plaindre, et m'arrêter.

Cette eau si belle
T'abandonne en courant ;
   Moi, plus fidelle,
Je m'éloigne en pleurant.
Demain celui que j'aime
M'appellera lui-même !...
   Vœux superflus !
Je ne l'entendrai plus.

   Ah ! dans ta course,
Emporte mes tourmens !
   Mais, à ta source,
Retiens tous mes sermens !
Si l'objet que j'adore
Vient m'y chercher encore,
   Dis-lui qu'Amour
T'a promis mon retour.

~~~~~~

LA FLEUR RENVOYÉE.

ADIEU, douce pensée,
Image du plaisir !
Mon âme est trop blessée ,
Tu ne peux la guérir.
L'espérance légère
  De mon bonheur
Fut douce et passagère
  Comme ta fleur.

Rien ne me fait envie;
Je ne veux plus te voir ;
Je n'aime plus la vie;
Qu'ai-je besoin d'espoir ?
En ce moment d'alarme
  Pourquoi t'offrir ?
Il ne faut qu'une larme
  Pour te flétrir.

Par toi ce que j'adore
Avait surpris mon cœur,
Par toi veut-il encore
Egarer ma candeur ?
Son ivresse est passée ;
  Mais, en retour,
Qu'est-ce qu'une pensée
  Pour tant d'amour ?

LE TROUBADOUR EN VOYAGE.

« Avec ta gente mie,
Où vas-tu, troubadour ? »
«— Je vais à ma patrie
Demander un beau jour.

« Salut, rive enchantée,
Qui vis mes jeunes ans ;
De mon âme agitée
Reconnais les accens !

« Jadis ma souveraine
A sa cour m'arrêta ;
Et pour si noble reine
Ton troubadour chanta.

« Des belles la plus belle
Tombe en captivité ;
Avais chanté pour elle ;
Perdis ma liberté !

« De l'auguste Marie
Déplorai les malheurs :
En ce temps de furie,
On punissait les pleurs....

« Pour charmer ma misère,
Orgueil du troubadour,
J'ai chanté Bélisaire,
Henri Quatre et l'Amour.

« N'ai sauvé de ma chaîne
Que ma lyre et l'honneur ;
Et l'or, qui tout entraîne,
N'entraîna pas mon cœur.

« Pastourelle naïve
Écouta mes leçons ;
Sa voix tendre et plaintive
Y mêla ses doux sons.

« La jeune enchanteresse,
Écolière d'Amour,
Devint dame et maîtresse
Du pauvre troubadour.

« Au lieu de ta naissance,
Dit-elle, conduis-moi ;
Tu m'appris ta romance,
La chanterai pour toi.

« Venez donc, gente mie,
Lui dit ton troubadour ;
Allons à ma patrie
Demander un beau jour.

« Lyre ! ma douce lyre !
Obéis à mon cœur !
Le chant que je soupire
Est le chant du bonheur ! »

IL VA PARLER.

Embellissez ma triste solitude,
Portrait chéri, gage d'un pur amour !
Charmez encor ma sombre inquiétude;
Trompez mon cœur jusques à son retour.

Si quelquefois de mes lèvres tremblantes
J'ose presser ce portrait adoré,
Le feu subtil de ses lèvres brûlantes
Pénètre encor dans mon cœur déchiré.

A mes regards ce trésor plein de charmes
Semble répondre, et paraît s'animer;
Je crois le voir s'attendrir à mes larmes,
Et je lui prête une âme pour aimer.

O de l'Amour adorable prodige !
Son œil se trouble, et ses pleurs vont couler;
Il est ému ! ce n'est plus un prestige;
Il me sourit !... j'écoute !... il va parler !

A LA NUIT.

Douce Nuit, ton charme paisible
Du malheureux suspend les pleurs ;
   Nul mortel n'est insensible
A tes bienfaisantes erreurs ;
   Souvent dans un cœur rebelle
   Tu fais naître les désirs ;
   Et l'amour tendre et fidèle
   Te doit ses plus doux plaisirs.

Tu sais par un riant mensonge
Calmer un amant agité ,
   Et le consoler en songe ,
D'une triste réalité.
   O Nuit ! pour la douleur sombre ,
   Et pour le plaisir d'amour ,
   On doit préférer ton ombre
   A l'éclat du plus beau jour.

10

Comme dans le sein d'une amie
On aime à verser sa douleur,
　　C'est à toi que je confie
Les premiers soupirs de mon cœur.
　　Cache-moi, s'il est possible,
　　L'objet de mon tendre effroi !...
　　Comme moi s'il est sensible,
　　Qu'il soit discret comme toi !

LA PRIÈRE DE LAURE.

LAURE offrait, à genoux,
Sa prière à Marie,
Et, dans sa rêverie,
Demandait un époux;
En secret l'innocence
Lui porte chaque jour
Sa première espérance
Et son premier amour.

« Au nom de vos douleurs,
Que mon ami, dit-elle,
A son serment fidèle,
Vienne essuyer mes pleurs !
Je lui garde en mon âme
Un souvenir bien doux,
Et pur comme la flamme
Dont je brûle pour vous.

« Mon ami pour la foi
Combat aux champs d'Asie ;
O divine Marie,
Qu'il soit vainqueur pour moi !...
Si jamais l'hyménée
Unit notre avenir ,
De sa main couronnée ,
Je viendrai vous bénir ! »

L'ÉCHO.

Tout pour l'Amour !
Chante le troubadour,
En préludant sur sa harpe sonore.
Tout pour l'Amour,
Lui répond à son tour
Une voix tendre, au déclin d'un beau jour.
Il le redit, puis il écoute encore ;
Et chaque fois il obtient en retour :
Tout pour l'Amour !

Brûlant d'amour,
Le jeune troubadour
Répète en vain ces accens pleins de charmes ;
En ce séjour,
Il n'a parlé d'Amour
Qu'avec l'écho des vallons d'alentour !
Espoir trompé fait couler quelques larmes...
Il n'ose plus chanter, le troubadour :
Tout pour l'Amour !

Beau troubadour,

Dans un autre séjour

Porte tes vœux, tes chants, ton espérance !

Hélas ! un jour,

J'ai dit : Tout pour l'Amour,

En m'égarant aux vallons d'alentour :

J'y chante encor l'Amour et la Constance;

Mais l'écho seul me rapporte en retour :

Tout pour l'Amour !

L'EXILÉ.

« Oui, je le sais, voilà des fleurs,
Des vallons, des ruisseaux, des prés et des feuillages;
Mais une onde plus pure et de plus verts ombrages
Enchantent ma pensée, et me coûtent des pleurs !

« Oui, je le vois, ces frais zéphyrs
Caresssent en jouant les naïves bergères;
Mais d'un zéphyr plus doux les haleines légères
Attirent loin de moi mon âme et mes soupirs !

« Ah ! je le sens ! c'est que mon cœur
Las d'envier ces bois, ces fleurs, cette prairie,
Demande, en gémissant, des fleurs à ma patrie !
Ici rien n'est à moi, si ce n'est ma douleur. »

Triste exilé, voilà ton sort !
La plainte de l'écho m'a révélé ta peine.
Comme un oiseau captif, tu chantes dans ta chaîne;
Comme un oiseau blessé, j'y joins un cri de mort !

Goûte l'espoir silencieux !

Tu reverras un jour le sol qui te rappelle ;

Mais rien ne doit changer ma douleur éternelle :

Mon exil est le monde. . . . et mon espoir aux cieux.

LA PASTOURELLE.

Elle s'en va, la douce pastourelle,
Elle retourne où l'attend le bonheur.
« Je ne vis plus ! faut m'en aller, dit-elle ;
Faut m'en aller où j'ai laissé mon cœur !

« Un beau pasteur me le retint pour gage : ·
On veut un gage en perdant le bonheur.
M'en vas chercher le gardien et l'otage ;
Me faut mourir ou retrouver mon cœur. »

« — Racontez-nous, pastourelle naïve,
Votre aventure et celle du pasteur. »
« — Non, non, dit-elle, avec sa voix plaintive ;
Ne parlerai qu'en retrouvant mon cœur !

« Sur cette rive, où je suis étrangère,
On m'obligeait à chanter le bonheur.
Bonheur perdu rend la voix moins légère ;
N'ai jamais su chanter qu'avec mon cœur.

« Tous les matins, ainsi que l'alouette,
Ne m'éveillais qu'en chantant le bonheur ;
Puis du pasteur j'écoutais la musette,
Et je trouvais un écho pour mon cœur !

« Nous faut rester où l'âme est asservie.
Tout est si bien avec mon beau pasteur !
Il me rendra mon bien, ma voix, ma vie,
Et sur son cœur retrouverai mon cœur ! »

« — Espoir vous guide en ce pèlerinage !
Ne pleurez plus ; son terme est le bonheur.
L'Amour sourit, l'Amour est du voyage ;
Il ira vite, il cherche votre cœur ! »

LE RÉVEIL CRÉOLE.

N'a plus pouvoir dormir tout près toi dans cabane,
Sentir l'air parfumé courir sur bouche à toi,
Gagner plaisir qui doux passé mangé banane,
Parfum là semblé feu qui brûler cœur à moi.
  Moi vlé z'éveiller toi.

Baï moi baiser si doux, n'oser prend-li moi-même,
Guetter réveil à toi... long-temps trop moi languir.
Tourné côté cœur moi, rend-li bonheur suprême,
Mirez l'Aurore aller qui près toi va pâlir.
  Long-temps trop moi languir !

Veni sous bananiers, nous va trouvé z'ombrage ;
Petits oiseaux chanter quand nous causer d'amour.
Soleil est jaloux moi ; li caché sous nuage,
Mais trouvé dans yeux toi l'éclat qui passé jour.
  Veni causer d'amour.

Non, non, toi plus dormir, partager vive flamme,
Baisers toi semblé miel cueilli sur bouquet fleurs.
Cœur à toi soupirer, veni chercher mon âme ;
Prends-li sur bouche à moi, li courir dans mes pleurs.
　　Moi mourir sous des fleurs.

~~~~~~

LA MÊME ROMANCE.

Sur ce lit de roseaux puis-je dormir encore ?
Je sens l'air embaumé courir autour de toi.
Ta bouche est une fleur dont le parfum dévore.
Approche, ô mon trésor, et ne brûle que moi.
<p style="text-align:center">Eveille, éveille-toi. !</p>

Mais ce souffle d'Amour, ce baiser que j'envie,
Sur tes lèvres encor je n'ose le ravir ;
Accordé par ton cœur, il doublera ma vie.
Ton sommeil se prolonge, et tu me fais mourir.
<p style="text-align:center">Je n'ose le ravir !</p>

Viens, sous les bananiers nous trouverons l'ombrage ;
Les oiseaux vont chanter en voyant notre amour.
Le soleil est jaloux ; il est sous un nuage ;
Et c'est dans tes beaux yeux que je cherche le jour.
<p style="text-align:center">Viens éclairer l'Amour !</p>

Non, non, tu ne dors plus, tu partages ma flamme.
Tes baisers sont le miel que nous donnent les fleurs.
Ton cœur a soupiré; viens-tu chercher mon âme ?
Elle erre sur ma bouche, et veut sécher tes pleurs.

Cache-moi sous des fleurs !

LA PÈLERINE.

« Pèlerine, où vas-tu si tard ?
  Le temps est à l'orage.
Peux-tu confier au hasard
  Tes charmes et ton âge ? »
« —Hermite, n'ayez point de peur.
Du ciel je ne crains plus la foudre ;
Que ne peut-il réduire en poudre
L'image qui brûle mon cœur ! »

« —O ma fille ! donne un moment
  A l'ami qui t'appelle ;
Viens calmer ton égarement
  A la sainte chapelle. »
« —Hermite, mon âme est à Dieu ;
Partout il me suit, il me guide ;
Il m'a dit de fuir un perfide :
Je fuis l'Amour !... Hermite, adieu ! »

« — Pèlerine, en fuyant l'Amour,
   Que la pitié t'enchaîne !
Un malheureux, depuis un jour,
   Pleure ici sur sa chaîne. »
« — Un malheureux !... c'est un amant !
Mon père, donnez-lui vos larmes.
Blessée au cœur des mêmes armes,
Je mourrai du même tourment ! »

« — Ma fille, lève au moins les yeux !
   La pitié te l'ordonne.
Cet amant n'est plus malheureux
   Si ton cœur lui pardonne ! »
Le coupable alors se montra ;
L'Amour pria pour le parjure ;
L'Hermite effaça son injure,
Et la Pèlerine... pleura.

~~~~~~

JONE ET SOPHIE.

L'amour lui-même avait formé Sophie ;
Elle vit Jone, et son cœur se troubla ;
Le cœur de Jone en la voyant trembla ;
Il n'est plus seul... et l'Amour lui confie
   Sophie.

Sans lui parler, il apprend à Sophie
Son doux empire et son naissant espoir ;
Bornant sa joie au plaisir de la voir,
Dans le silence, il aime, il déifie
   Sophie.

Une rivale est donnée à Sophie,
Non sa rivale en tendresse, en douceur ;
On lui ravit le cœur fait pour son cœur :
L'Amour se voile, et l'amant sacrifie
   Sophie.

11

L'Orgueil en pleurs vient parler à Sophie.
Le plus timide est-il le moins jaloux ?
Amour ! Amour ! tout s'arme contre vous !
Mais qui vous plaint et qui vous justifie ?
Sophie.

~~~~~~

LE REGARD.

CACHE-MOI ton regard plein d'âme et de tristesse,
Dont la langueur brûlante affaiblit ma raison ;
De l'amour qu'il révèle il m'apprendrait l'ivresse ;
Pour les infortunés son charme est un poison.

Lèves-tu sur mes yeux ta paupière tremblante,
C'est le ciel qui s'entr'ouvre et sourit au malheur;
C'est un rayon divin, une étoile brillante,
Qui perce la nuit sombre où gémissait mon cœur.

Oui, la douleur s'envole; et mon âme ravie
Suit la douce clarté qui ne peut m'éblouir.
Eviter ton regard, c'est repousser la vie;
Attache-le sur moi !... je ne puis plus le fuir.

LE PREMIER AMOUR.

Vous souvient-il de cette jeune amie
Au regard tendre, au maintien sage et doux ?
A peine, hélas ! au printemps de sa vie,
Son cœur sentit qu'il était fait pour vous.

Point de serment, point de vaine promesse ;
Si jeune encore, on ne les connaît pas ;
Son âme pure aimait avec ivresse,
Et se livrait sans honte et sans combats.

Elle a perdu son idole chérie !
Bonheur si doux a duré moins qu'un jour.
Elle n'est plus au printemps de sa vie ;
Elle est encore à son premier amour.

~~~~~~

LE CHIEN D'OLIVIER.

Pour trouver le bonheur, je me ferai bergère :
Le bonheur est aux champs, s'il existe pour moi !
Oui, du temps, au hameau, la course est plus légère ;
La veillée est paisible, et la nuit sans effroi.
Le laboureur, couché sous son toit de fougère,
Ne dormirait pas mieux sur l'oreiller du Roi.

D'un simple ajustement j'ai déjà fait l'emplette :
On ressemble au Plaisir, sous un chapeau de fleurs ;
Les prés m'en offriront pour garnir ma houlette ;
On n'y forcera point mon choix pour leurs couleurs ;
J'y mêlerai le lis à l'humble violette,
Sans crainte qu'un bouquet me prépare des pleurs !

Des moutons, un bélier, deux agneaux et leur mère,
Composeront ma cour, mon empire et mon bien.
L'écho me distraira d'une douce chimère
Que je veux oublier, aussi je n'en dis rien ;
Et pour me suivre aux bois, où je suis étrangère,
Il me faudrait encore... il me faudrait un chien !

Que le chien d'Olivier paraît tendre et fidèle !
Sous sa garde un troupeau bondirait sans danger.
Mais des maîtres son maître est, dit-on, le modèle ;
A le quitter pour moi je n'ose l'engager....
Ah ! pour ne pas détruire une amitié si belle,
Je voudrais qu'Olivier se fît aussi berger !

~~~~~~

L'ÉTRANGÈRE.

Ah ! que le monde est difficile !
Hélas ! il n'est pas fait pour moi.
Ma sœur, en ton obscur asile,
J'étais plus heureuse avec toi !
On m'appelle ici *l'étrangère ;*
C'est le nom de qui n'a point d'or.
Si je ris, je suis trop légére ;
Si je rêve... on en parle encor !

Si je mêle à ma chevelure
La fleur que j'aimais dans nos bois,
Je suis, dit- on, dans ma parure,
Timide et coquette à la fois ;
Puis-je ne pas la trouver belle !
Le printemps en a fait mon bien ;
Pour me parer je n'avais qu'elle ;
On l'effeuille.... et je n'ai plus rien !

Je sors de cet âge paisible
Où l'on joue avec le malheur.
Je m'éveille, je suis sensible,
Et je l'apprends par la douleur!
Un seul être à moi s'intéresse;
Il n'a rien dit... mais je le voi!
Et je vois même, à sa tristesse,
Qu'il est *étranger* comme moi.

Ah ! si son regard plein de charmes
Recèle un doux rayon d'espoir,
Quelle main essuîra les larmes
Qui m'empêchent de l'entrevoir ?
Soumise au monde, qui m'observe,
Je dois mourir, jamais pleurer !
Et je n'use qu'avec réserve
Du triste droit de soupirer !

MÉLANGES.

CONTE

IMITÉ DE L'ARABE.

C'ÉTAIT jadis. Pour un peu d'or,
Un fou quitta ses amours, sa patrie.
(De nos jours, cette soif ne paraît point tarie;
    J'en connais qu'elle brûle encor.)
Courageux, il s'embarque; et, surpris par l'orage,
Demi-mort de frayeur, il échappe au naufrage;
La fatigue d'abord lui donna le sommeil;
Puis enfin l'appétit provoqua son réveil;
Au rivage, où jamais n'aborda l'Espérance,
Il cherche, mais en vain, quelque fruit savoureux.
Du sable, un rocher nu, s'offrent seuls à ses yeux;
Sur la vague en fureur il voit fuir l'existence;
L'âme en deuil, le cœur froid, le corps appesanti,
L'œil fixé sur les flots qui mugissent encore,
Sentant croître et crier la faim qui le dévore,
Dans un morne silence il reste anéanti.
La mer, qui par degrés se calme et se retire,

Laisse au pied du rocher les débris du vaisseau ;
L'infortuné vers lui lentement les attire ,
S'y couche, se résigne, et s'apprête un tombeau.
Tout à coup il tressaille, il se lève, il s'élance ;
Il croit voir un prodige, il se jette à genoux.
D'un secours imprévu bénir la Providence ,
Est de tous les besoins le plus grand , le plus doux !
　　　Puis, en tremblant, sa main avide
Soulève un petit sac qu'il sent encore humide,
Le presse.... en interroge et la forme et le poids ,
Y sent rouler des fruits,... des noisettes,... des noix...
« Des noix ! dit-il, des noix ! quel trésor plein de charmes ! »
Il déchire la toile...... ô surprise ! ô tourmens !
　　«Hélas ! dit-il, en les mouillant de larmes ,
　　　« Ce ne sont que des diamans ! »

Son œil mourant s'entr'ouvre à la lumière.....
L'ange est Edmond à genoux sur la pierre,
Qui, plein d'effroi, soutient, d'un bras tremblant,
Ce corps glacé qu'il réchauffe en pleurant :.

L'ORPHELINE.

Un seigneur, d'aimable figure,
Brillant d'esprit, et brillant de parure,
Prestiges tout puissans sur la simplicité,
Voulut séduire une jeune beauté ;
Sans appui dans le monde, elle était orpheline,
Et se nommait Pauline.
Pauline, hélas ! a perdu le repos.
De vifs regards, de séduisans propos
Troublent la paix de cette âme ingénue ;
Elle aime enfin, et son heure est venue.
Pour un ingrat devait-elle sonner ?
Mais, pour craindre cette heure, il faut la deviner ;
Et l'orpheline, en sa première flamme,
Rêve un amour aussi pur que son âme.
Six mois ainsi coulent rapidement.
Tout est bonheur, ivresse, enchantement.
Un villageois, qui soupirait pour elle,
Renferme alors sa tendresse fidèle,
Ne la suit plus, et cache à tous les yeux
Son humble hommage et ses timides vœux ;

Sans le vouloir, Pauline a su lui plaire ;
Edmond n'a su que l'aimer et se taire.
L'amour modeste est souvent méconnu ;
Pour éblouir il est trop ingénu.
Sans s'occuper d'un amant qu'elle ignore,
Pauline est tout à celui qu'elle adore;
Elle ne voit encor dans l'avenir
Que le moment où l'ingrat doit venir;
Et, respectant le séducteur qu'elle aime,
Croit n'adorer que la sagesse même.
Pensive et seule, elle y rêvait un soir :
Dans sa cabane il entre avec l'espoir.
L'amour, la nuit, la crainte, le silence,
Tout est d'accord pour perdre l'innocence.
Les yeux baissés, d'un air naïf et doux,
Elle pleure en voyant son seigneur à genoux.
Il rit tout bas de ses tendres alarmes,
A peine il voit sa pâleur et ses larmes.
Sans deviner qu'on lui vole un plaisir,
Pauline, hélas ! en eut le repentir !
Le lendemain, dans sa simple demeure,
Avec l'Amour elle attendit en vain;
Elle attendit encor le lendemain,
Le mois entier, chaque jour, à toute heure !
Par le remords lentement déchiré,
D'un sombre ennui son cœur est dévoré.

Elle offre à Dieu cet amour qui l'opprime ;
Puisqu'il fait tant de mal, il faut qu'il soit un crime !
    Mais, ne vivant que par le souvenir,
Le passé la poursuit jusque dans l'avenir.
    Plus de sommeil ; Pauline en vain l'appelle ;
    Pour le malheur il est sourd et rebelle.
    Plus de vertu, plus d'amis, plus d'amant ;
    Tout est perdu par l'erreur d'un moment :
C'est la fleur du vallon sur sa tige abattue
    Par le frimas qui l'effeuille et la tue !
    C'était l'hiver : la saison de l'Amour
    Semblait avoir disparu sans retour.

    Assise, un soir, au bord de sa chaumière,
    Pleurant sa honte, et fuyant la lumière,
    Un bruit soudain fait tressaillir son cœur ;
    Un char léger ramène son vainqueur....
    Il a parlé... c'est la voix qu'elle adore ;
    C'est lui ! dit-elle, il vient ! il m'aime encore ;
    Mais un regard fait tout évanouir ;
    L'espoir s'enfuit... Pauline va mourir !
    Oui, c'est l'ingrat qu'elle attend et qu'elle aime.
    Mais peignez-vous son désespoir extrême !
    Il n'est pas seul ! il entraîne, à son tour,
    L'objet nouveau de son volage amour !
    A cette vue, immobile et glacée,
    Le cœur saisi d'une affreuse pensée,

Pauline au ciel jette un cri douloureux,
Tombe à genoux, et détourne les yeux ;
Le froid du soir circule dans ses veines ;
Son âme s'engourdit dans l'oubli de ses peines ;
Et, prenant par degrés le sommeil pour la mort,
En embrassant la terre, elle pleure et s'endort.

Dieu, qui la plaint, l'enveloppe d'un songe ;
Et la Pitié descend sur l'aile du Mensonge ;
Elle croit voir un ange protecteur
La ranimer doucement sur son cœur,
Presser sa main, l'observer en silence,
Les yeux mouillés des pleurs de l'indulgence.

« Dieu vous a donc envoyé près de moi,
« Lui dit Pauline, et vous suivez sa loi ?
« Si la vertu vient essuyer mes larmes,
« Parlez ! sa voix aura pour moi des charmes.
« Voyez mon sort ! voyez mon repentir !... »
On lui répond par un profond soupir.
Son œil mourant s'entr'ouvre à la lumière....

L'ange est Edmond à genoux sur la pierre,
Qui, plein d'effroi, soutient, d'un bras tremblant,
Ce corps glacé qu'il réchauffe en pleurant.

« Ne craignez rien, dit l'amant jeune et sage ;
« Sans défiance appuyez-vous sur moi ;
« Notre cabane est au bout du village ;
« Un cri plaintif vient d'y porter l'effroi....

« Ma mère attend , venez près de ma mère;

« Vous lui direz le sujet de vos pleurs;

« Ma mère est bonne, elle plaint les douleurs;

« Soyez sa fille; et moi... je serai votre frère ! »

« — Hélas ! lui dit Pauline avec même douceur,

« Edmond , soyez mon frère, et sauvez votre sœur ! »

UN BEAU JOUR.

ADIEU Muse ! on me marie.
Pour enchaîner les Amours,
Une main tendre et chérie
M'offre de rians atours.

Adieu, lyre, dont les charmes
Se mêlèrent à mes pleurs ;
L'Amour, qu'attristaient mes larmes,
T'ensevelit sous des fleurs.

Les fleurs que la Gloire donne
Ont de l'éclat sans odeur ;
Et trop souvent sa couronne
Couvre le front du Malheur.

Adieu, vague rêverie,
Songe de la Volupté !
Mon âme, plus attendrie,
S'ouvre à la réalité.

Vous, dont je n'ai su que faire,
Adieu, mes sombres printemps !
Déja l'horizon s'éclaire ;
L'Amour paraît ! — Quel beau temps !

~~~~~~

LA MONTRE.

IMITATION LIBRE D'UN SONNET DE GOUDELIN.

Toi qui reçus par artifice
Et le mouvement et la voix,
Quand l'heure vient tracer sur ton frêle édifice
Les momens qu'elle accorde et reprend à la fois,
Confidente du Temps, ô toi qui toujours veilles,
Défends à Lyris de dormir !
Frappe de sons si doux ses mignonnes oreilles,
Que de son cœur distrait il s'échappe un soupir !
Si son œil languissant au hasard te regarde,
Apprends-lui qu'elle touche à la saison d'aimer ;
Si, pour tromper l'Amour, sa raison te retarde,
Dis-lui que le Temps vole, et qu'elle sait charmer !
Dis-lui que son nom seul, oui, ce nom que j'adore,
Fait battre je ne sais quel ressort dans mon sein,
Qui tombe sur mon cœur bien plus souvent encore
Que ton léger marteau sur le fragile airain ;
Dis-lui que de ses yeux les vives étincelles
M'apprennent des secrets mille fois plus nombreux

12

Que toi-même tu n'en recèles ;
Mais que j'ignore encor celui qui rend heureux !
Si jamais à l'Amour elle enlève une plume,
Et m'accorde, tremblante, un premier rendez-vous,
  Romps pour moi ta lente coutume,
Avance ! avance ! et reste à ce moment si doux !
Mais, pour me consoler, cette belle inhumaine
    N'a jamais de loisir !
Tu marcheras toujours pour prolonger ma peine ;
    Elle y prend du plaisir !
Ah ! pour toi, qu'elle admet jusque dans sa parure,
  Avec froideur, loin de te repousser,
Si sa main te rencontre en nouant sa ceinture,
    Sa main semble te caresser !
Près d'un sein palpitant où s'enferme une Grâce,
  Qui te balance, et te presse, et t'embrasse,
  Comment peux-tu demeurer, sans frémir,
  Où l'Amour même aurait peur de mourir ?
Oui, caché par Lyris entre deux fleurs mi-closes,
L'Amour, ivre d'amour et du parfum des roses,
Aurait peine, accablé de sa félicité,
    A retenir son immortalité !
Et quand son pied léger, que guide la cadence,
T'associe, en jouant, au plaisir de la danse,
Comment ne sens-tu point par de tendres efforts
    Se rompre tes ressorts ?

Insensible !... Ah ! du moins, apprends-moi, je te prie,
   Quand l'heure d'Amour sonnera ;
   Au doux bruit de ta sonnerie
   Quand sa fierté s'endormira ;
   Et quand viendra l'heure chérie,
   A qui Lyris la donnera !...
   Le matin, dès qu'elle s'éveille,
Celle qui m'asservit, se gouverne par toi.
Est-il tard? dit Lyris, dont l'âme encor sommeille;
   Et ta réponse est pour elle une loi !
Ah ! loin de t'imiter, si j'étais auprès d'elle,
Pour étouffer ton timbre importun aux Amours,
A force de baisers, j'étourdirais ma belle;
   Et la nuit durerait toujours !...
   Je rêve ! Oh ! quelle est ma faiblesse !
Mais vois, en comparant ton sort avec le mien,
   Si l'enfant qui brûle et qui blesse,
   M'en fit un différent du tien !
   Une heure pour toi n'est qu'une heure ;
   Un moment n'est rien qu'un moment ;
Mais une heure, un moment, dans sa triste demeure,
   Est un siècle pour un amant !
   Si Lyris était moins farouche,
   Les ans ne me seraient qu'un jour ;
   Ils s'écouleraient sur sa bouche,
   Et je rirais avec l'Amour !

Compagne de Lyris, toi que tout bas j'implore,
Si celle qui me trouble, et n'aime pas encore,
Pour l'un de mes rivaux oubliait sa rigueur,
    Dis-lui que sa mère l'appelle;
    Fais du bruit en tombant près d'elle,
    Pour mieux effrayer sa pudeur !

LA NYMPHE TOULOUSAINE.

IMITATION DE GOUDELIN.

Sous les arbres touffus, naïves pastourelles,
Cherchez de frais abris contre l'ardeur du jour;
Et vous, petits oiseaux, sous leurs voûtes nouvelles,
Enflez votre gosier pour saluer l'Amour.
Coule, ruisseau d'argent, dont l'eau vive et brillante
Offre un miroir mobile à la beauté riante;
Cristal limpide et pur, qui rafraîchis les fleurs,
Tu ne rafraîchis pas mes yeux brûlés de pleurs!

Vallons où le Plaisir vient former des guirlandes
Quand la jeune saison vous charge de rameaux;
Où l'abeille bourdonne alentour des offrandes
Que le Printemps attache aux branches des ormeaux;
Ecoutez! écoutez la Nymphe Toulousaine;
Elle pleure! elle fuit des cieux la pourpre et l'or!
Ne l'entendez-vous pas gémir, gémir encor,
Appelant un écho triste comme sa peine?
Ecoutez! écoutez! Le voile du Malheur

Intercepte l'éclat de l'astre de la France ;
     Et la douce Espérance,
En retournant aux cieux, jette un cri de terreur.
De ronces, de cyprès, à jamais couronnée,
     Aux regrets condamnée,
Ma lyre en sons confus révèle mes douleurs ;
Et le Temps me promet des pleurs, toujours des pleurs !

Henri, le grand Henri..... Quel douloureux murmure
     S'élève autour de moi ?
Henri ! ton nom m'échappe, et toute la nature
     A tressailli d'effroi !
Orgueil du sol français, la noble fleur tombée
     N'y renaîtra jamais !
Sous la faux de la Mort sa tête s'est courbée ;
Le monde pleure ! il pleure ! Henri seul est en paix ;
Aux régions du ciel sa grande âme envolée
De son dernier soupir a rempli l'univers ;
Et l'univers n'est plus qu'une triste vallée
Que le ciel abandonne au souffle des pervers.

Henri ! toi qui régnas pour la gloire du monde,
Le trône, en te portant, s'ennoblissait encor.
Telle est du diamant la richesse féconde,
En lui prêtant ses feux il enorgueillit l'or.
La terre en frémissant au bruit de ses armées,

Le reconnut pour maître, et nomma son vainqueur.
Les vertus l'attendaient; elles étaient formées
Pour habiter son cœur !
La justice, la foi, la force, la clémence,
La bonté, la valeur, et la douce indulgence,
Dans la paix, dans la guerre, étaient ses saintes lois;
Ensemble elles régnaient pour la première fois.
Soutiens ma lyre, ô Vérité charmante !
Henri, le grand Henri, ne craint pas ton miroir;
De ce roi, tout amour, tu fus la noble amante;
Oh ! dans le cœur des rois qu'il est beau de te voir !
Tu ne le suivras plus au milieu des batailles ;
Mais, viens, comme une veuve, au tombeau de son roi !
Suspends par tes récits l'horreur des funérailles,
Je ne veux chanter qu'après toi !

Quand le ciel irrité de leur plainte importune,
De la guerre aux humains imposa le fardeau,
Henri, que fatiguaient les jeux de la Fortune,
En poursuivant l'ingrate, arracha son bandeau.
Ses ennemis tombaient comme atteints de la foudre.
Ainsi le verre éclate et se réduit en poudre.
Il désarma le ciel, il étonna le Sort,
Il enchaîna la Mort.
L'implacable arbalétrière,
Assise et menaçante au milieu des débris,

Agitait dans ses mains son arme meurtrière,
Et la peur en porta la nouvelle à Paris.
Elle dit : « Je l'ai vu ! Tel un lion s'élance,
Epouvante les loups, les chasse, les retient;
De mille bras ligués il fait tomber la lance;
C'est l'Hercule qui brise, et l'Atlas qui soutient;
C'est Henri, fuyez tous !... On vole à son passage,
On l'implore, il sourit, et le ciel se dégage;
Et la France respire, et le Roi troubadour
Chante sous des lauriers Gabrielle et l'Amour... »

Mais quel monstre se glisse et s'avance dans l'ombre ?
Echappé de l'enfer, il brûle d'un feu sombre;
Il rampe, il va souiller l'autel de la vertu,
Il l'atteint !... C'en est fait, l'autel est abattu !
Vérité, pour accens tu n'as plus que des larmes !
L'avenir te répond par un long cri d'alarmes;
D'un roi clément, d'un père, on prépare le deuil,
Et ma lyre se brise au pied de son cercueil.

~~~~~~

CONTE D'ENFANT.

Il ne faut plus courir à travers les bruyères,
Enfant, ni sans congé vous hasarder au loin.
Vous êtes très-petit, et vous avez besoin
Que l'on vous aide encore à dire vos prières.
Que feriez-vous aux champs, si vous étiez perdu?
Si vous ne trouviez plus le sentier du village?
On dirait : Quoi ! si jeune ! il est mort ! c'est dommage
Vous crîriez... De si loin, seriez-vous entendu?
Vos petits compagnons, à l'heure accoutumée,
Danseraient à la porte, et chanteraient tout bas ;
Il faudrait leur répondre, en la tenant fermée :
« Une mère est malade; enfant, ne chantez pas !
Et vos cris rediraient : « O ma mère ! ô ma mère ! »
L'écho vous répondrait, l'écho vous ferait peur.
L'herbe humide et la nuit vous transiraient le cœur.
Vous n'auriez à manger que quelque plante amère ;
Point de lait ! point de lit !... Il faudrait donc mourir !
J'en frissonne ! et vraiment ce tableau fait frémir !
Ma tendresse pour vous réveille ma mémoire,
Et d'un petit agneau me rappelle l'histoire.

« Il était un berger, veillant avec amour

Sur des agneaux chéris, qui l'aimaient à leur tour.

Il les désaltérait dans une eau claire et saine;

Les baignait à la source, et blanchissait leur laine;

De serpolet, de thym, parfumait leurs repas;

Des plus jeunes agneaux guidait les premiers pas;

D'un ruisseau quelquefois permettait l'escalade;

Si l'un d'eux, au retour, traînait un pied malade,

Il était dans ses bras tout doucement porté;

Et, la nuit, sur son lit, dormait à son côté;

Réveillés le matin par l'aurore vermeille,

Il leur jouait des airs à captiver l'oreille;

Plus tard, quand ils broutaient leur souper sous ses yeux,

Aux sons de sa musette, il les rendait joyeux.

Enfin il renfermait sa famille chérie

  Dedans la bergerie.

Quand l'ombre sur les champs jetait son manteau noir,

  Il leur disait : « Bonsoir,

 « Chers agneaux ! sans danger reposez tous ensemble;

 « L'un par l'autre pressés, demeurez chaudement;

 « Jusqu'à ce qu'un beau jour se lève et nous rassemble,

 « Sous la garde des chiens dormez tranquillement ! »

Les chiens rôdaient alors, et le pasteur sensible

Les revoyait heureux, dans un rêve paisible.

Eh ! ne l'étaient-ils pas ? Tous bénissaient leur sort,

Excepté le plus jeune ; hardi, malin, folâtre,
Des fleurs, du miel, des bleds et des bois idolâtre,
Seul il trouvait que son maître avait tort.
Un jour, riant d'avance, et roulant sa chimère,
Ce petit fou d'agneau s'en vint droit à sa mère,
Sage et vieille brebis, soumise au bon pasteur.

« Mère ! écoutez, dit-il : d'où vient qu'on nous enferme ?
« Les chiens ne le sont pas, et j'en prends de l'humeur.
« Cette loi m'est trop dure, et j'y veux mettre un terme.
« Je vais courir partout, j'y suis très-résolu.
« Le bois doit être beau pendant le clair de lune !
« Oui, mère ! dès ce soir je veux tenter fortune :
« Tant pis pour le pasteur ! c'est lui qui l'a voulu. »

« — Restez, petit agneau, dit la mère attendrie ;
« Vous n'êtes qu'un enfant, bon pour la bergerie ;
« Restez-y près de moi ! Si vous voulez partir,
« Hélas ! j'ose pour vous prévoir un repentir ! »

— « J'ose vous dire non ! cria le volontaire..... »

Un chien les obligea tous les deux à se taire ;
Quand le soleil couchant au parc les rappela,
Et que par flots joyeux le troupeau s'écoula,
L'agneau sous une haie établit sa cachette ;
Il avait finement détaché sa clochette ;

Dès que le parc fut clos, il courut alentour,
Il jouait, gambadait, sautait à perdre haleine.
« Je voyage, dit-il, je suis libre à mon tour !
« Je ris, je n'ai pas peur ; la lune est claire et pleine :
« Allons au bois! dansons! broutons! » Mais, par malheur,
Des loups pour leurs enfans cherchaient alors curée :
Un peu de laine, hélas ! sanglante et déchirée,
Fut tout ce que le vent daigna rendre au pasteur.
Jugez comme il fut triste, à l'aube renaissante !
Jugez comme on plaignit la mère gémissante !
« Quoi ! ce soir, cria-t-elle, on nous appellera,
« Et ce soir... et jamais l'agneau ne répondra ! »
En l'appelant en vain elle affligea l'Aurore ;
Le soir elle mourut en l'appelant encore. »

Je vous peins ce malheur tel qu'il me fut rendu ;
Pour vous, petit enfant, qu'il ne soit pas perdu !

LE BERCEAU D'HÉLÈNE.

Qu'a-t-on fait du bocage où rêva mon enfance?
Oh! je le vois toujours! j'y voudrais être encor!
Au milieu des parfums j'y dormais sans défense,
Et le soleil sur lui versait des rayons d'or.
Peut-être qu'à cette heure il colore les roses,
Et que son doux reflet tremble dans le ruisseau;
Viens couler à mes pieds, clair ruisseau qui l'arroses;
Dans tes flots transparens montre-moi le berceau!
Viens! j'attends ta fraîcheur, j'appelle ton murmure;
      J'écoute, réponds-moi!
Sur ces bords où les fleurs se fanent sans culture,
Les fleurs ont besoin d'eau, mon cœur sèche sans toi.
Viens! viens me rappeler, dans ta course limpide,
Mes jeux, mes premiers jeux, si chers, si décevans,
Des compagnes d'Hélène un souvenir rapide,
Et leurs rires lointains, faibles jouets des vents.
Si tu veux caresser mon oreille attentive,
N'as-tu pas quelquefois, en poursuivant ton cours,
Lorsqu'elles vont s'asseoir et causer sur ta rive,
N'as-tu pas entendu mon nom dans leurs discours?

. Dans les roses peut-être une abeille s'élance :
Je voudrais être abeille et mourir dans les fleurs !
Ou le petit oiseau dont le nid s'y balance !
Il chante, elle est heureuse;...et j'ai connu les pleurs.
Je ne pleurais jamais sous la voûte embaumée ;
Une jeune Espérance y dansait sur mes pas ;
Elle venait du ciel, dont l'enfance est aimée ;
Je dansais avec elle ; oh ! je ne pleurais pas;
Elle m'avait donné son prisme, don fragile ;
J'ai regardé la vie à travers ses couleurs ;
Que la vie était belle ! et, dans son vol agile,
Que ma jeune Espérance y répandait de fleurs !
Qu'il était beau l'ombrage où j'entendais les Muses
Me révéler tout bas leurs promesses confuses !
Où j'osais leur répondre, et, de ma faible voix,
Bégayer le serment de suivre un jour leurs lois !
D'un souvenir si doux l'erreur évanouie
Laisse au fond de mon âme un long étonnement;
C'est une belle aurore à peine épanouie,
Qui meurt dans un nuage ; et je dis tristement :

Qu'a-t-on fait du bocage où rêva mon enfance?
Oh ! j'en parle toujours ! j'y voudrais être encor !
Au milieu des parfums j'y dormais sans défense,
Et le soleil sur lui versait des rayons d'or.

Mais au fond du tableau, cherchant des yeux sa proie,
J'ai vu... je vois encor s'avancer le Malheur;

Il errait comme une ombre, il attristait ma joie
    Sous les traits d'un vieux oiseleur.
Et le vieux oiseleur, patiemment avide,
Aux pièges, avant l'aube, attendait les oiseaux ;
Et, le soir, il comptait, avec un ris perfide,
Ses petits prisonniers tremblans sous les réseaux.
  Est-il toujours bien cruel, bien barbare,
Bien sourd à la prière ? et, dans sa main avare,
    Plutôt que de l'ouvrir,
Presse-t-il sa victime à la faire mourir ?
Ah ! du moins, comme alors, puisse une jeune fille
Courir, en frappant l'air d'une tendre clameur !
Renvoyer jusqu'aux cieux la chantante famille,
Et tromper le méchant, qui faisait le dormeur !
Dieu ! quand on le trompait, quelle était sa colère !
Il fallait fuir ; des pleurs ne lui suffisaient pas ;
Ou, d'une pitié feinte exigeant le salaire,
Il pardonnait tout haut, et maudissait tout bas.
Au pied d'un vieux rempart, une antique chaumière
    Lui servait de réduit ;
Il allait s'y cacher tout seul et sans lumière,
    Comme l'oiseau de nuit.
Un soir, en traversant l'église abandonnée,
Sa voix nomma la Mort ; que sa voix me fit peur !
Je m'envolai tremblante au seuil où j'étais née,
Et j'entendis l'Écho rire avec le trompeur....
  « Dis, qu'est-ce que la Mort ? » demandai-je à ma mère :

« C'est un vieux oiseleur qui menace toujours;
Tout tombe dans ses rets, ma fille, et les beaux jours
S'éteignent sous ses doigts comme un souffle éphémère. »

Je demeurai pensive et triste sur son sein;
Depuis j'allai m'asseoir aux tombes délaissées;
Leur tranquille silence éveillait mes pensées;
Y cueillir une fleur me semblait un larcin.
L'aquilon m'effrayait de ses soupirs funèbres;
La voix, toujours la voix m'annonçait le Malheur;
Et quand je l'entendais passer dans les ténèbres,
Je disais : C'est la Mort ou le vieux oiseleur.

Mais tout change : l'autan fait place aux vents propices,
      La nuit fait place au jour :
La verdure, au printemps, couvre les précipices;
Et l'hiver cède un trône au printemps de retour :
Je revis le berceau, le soleil et les roses.
Ruisseau, tu m'appelais, je m'élançai vers toi;
Je t'appelle, à mon tour, clair ruisseau qui l'arroses;
      J'écoute, réponds-moi !

Qu'a-t-on fait du bocage où rêva mon enfance?
Oh! je le vois toujours! j'y voudrais être encor!
Au milieu des parfums j'y dormais sans défense,
Et le soleil sur lui versait des rayons d'or.

FIN.

~~~~~~

TABLE.

ÉLÉGIES.

L'Arbrisseau,	page 3
Le Retour aux champs,	6
Les Lettres,	9
Philis,	12
La Promenade d'automne,	19
Les Roses,	22
Le Ruban,	25
L'Adieu du soir,	27
Prière aux muses,	29
L'Inquiétude,	32
Le Ruisseau,	33
Le Concert,	37
La Prière perdue,	39
L'Orage,	41
A ma Fauvette,	44
L'Inconstance,	47
La Nuit d'hiver,	50
Le Billet,	53
L'Insomnie,	55

Son Image,	page 57
Les deux Amours,	58
Les deux Amitiés,	59
L'Imprudence,	61
La Colère,	62
L'Hirondelle et le Rossignol,	68
La Séparation,	69
Adieu, mes Amours,	71
Le Pressentiment,	73
A Délie, i,	75
A Délie, ii,	77
A Délie, iii,	81
A Délie, iv,	83
Le Miroir,	85
Le Souvenir,	88
La Douleur,	89
Les Regrets,	91
Les deux Mères,	93
Le Sommeil de Julien,	97
La jeune Épouse,	99
Les deux Bergères,	101
La Journée perdue,	105

ROMANCES.

Clémentine,	111
A un Trompeur,	113
Le Soir,	115
Dors, ma Mère,	117

(195)

Le Bouquet,	119
L'Aveu permis,	123
Le Portrait,	122
Le Serment,	121
Le Billet,	125
Le Réveil,	126
Les trois heures du Jour,	127
C'est toi,	128
Reprends ton bien,	129
A la Poésie,	131
Le Pardon,	133
Le Souvenir,	134
L'Espérance,	135
A la Seine,	137
La Fleur renvoyée,	139
Le Troubadour en voyage,	141
Il va parler,	144
A la Nuit,	145
La Prière de Laure,	147
L'Écho,	149
L'Exilé,	151
La Pastourelle,	153
Le Réveil créole,	155
La même romance,	157
La Pèlerine,	159
Jone et Sophie,	161
Le Regard,	163

Le premier Amour,   164

Le Chien d'Olivier,   165

L'Étrangère,   167

MÉLANGES.

Conte imité de l'arabe,   169

L'Orpheline,   171

Un beau Jour,   176

La Montre,   177

La Nymphe toulousaine,   181

Conte d'enfant,   185

Le Berceau d'Hélène.   189

FIN DE LA TABLE.

ERRATA.

Page 6, ligne 17 : reenir, *lisez* revenir.

Page 69, ligne 17 : l'ètro, *lisez* l'être.

Page 71, ligne 1 : *mettez* une virgule après ADIEU.

Page 104, ligne 2 : à la fin du vers, *mettez* point et virgule.

Page 107, ligne 16 : à la fin du vers, *mettez* un point.

Page 167, ligne 26 : à la fin du vers, *mettez* un point.

DE L'IMPRIMERIE DE DIDOT LE JEUNE.

RUE DES MAÇONS-SORBONNE, N° 13.